집은 디자인이 아니다

**집은 디자인이 아니다**

**발행일**  2017년 4월 10일 초판 1쇄
**지은이**  김기석, 구승민
**발행인**  이재성
**발행처**  도서출판 디

**등 록**  2011년 11월 14일 (제387-2011-000062호)
**주 소**  경기도 부천시 원미구 중동로 327, 232-1401
**전 화**  032-216-7145
**팩 스**  0505-115-7145
**이메일**  plus33@empas.com

ISBN  979-11-950529-4-3 03600

본 도서는 저작권의 보호를 받는 저작물로 무단 전재나 복사, 복제를 금합니다.
이 도서의 국립중앙도서관 출판예정도서목록(CIP)은 서지정보유통지원시스템 홈페이지(http://seoji.nl.go.kr)에서 이용하실 수 있습니다.
(CIP제어번호: CIP2017008050)

# 집은 디자인이 아니다

글 **김기석** | 삽화 **구승민**

디북

## 떠나기 전에

집에 대한 이야기를 찾아 여행을 떠나기로 한다. 물론 나는 재미난 얘기에만 흥미가 있다. 집에 대한 이야기에도 재미있는 얘기가 있고 재미없는 얘기가 있다. 집을 만들고 집 만드는 얘기를 하는 것이 직업이다 보니 실상 집에 대한 재미없는 얘기를 재미있는 얘기보다 지겹도록 많이 알고 있는 처지라 "집 얘기" 하면 우선 골치부터 아플 때가 많다.

또한 나는 진부하고 실용적인 건축 원고를 쓰는 데 지쳐 있다. 집에 관한 어설픈 지식이 얼마나 쉽게 집을 망치는가를 나는 너무도 많이 보아 왔다. 집은 지혜로 짓는 것이지 지식으로 짓는 것이 아니다. 지혜는 어디에 있는가? 지혜는 재미있는 곳에 있다.

그래서 나는 재미로 글을 쓰려 한다. 재미로 글을 읽을 마음이 되어 있지 않은 분은 그만 책장을 덮어 주시기 바란다. 오로지 집과 관계된 재미를 찾아서 나는 여행을 떠나려 한다. 다만 재미에도 여러 가지 질과 취향이 있어서, 이 여행에서 재미를 못 보는 분도 있을 수 있음을 나는 인정한다. 그런 분들에게 여비를 돌려 드릴 수 없음을 미안하게 생각한다. 나는 그저 내가 할 수 있는 얘기말이를 펼치는 것일 뿐, 그 이상 아무 뜻도 아무 재주도 없으니 아무나 이 여행에 참석해 주십사 하고 부탁할 염치도 없다.

1995년

김 기 석

## 집에 대한 광활한 명상

오래전 우연히 한 권의 책을 만났다. 그 책을 홀린 듯이 다 읽은 후 불현듯 집을 짓고 싶다는 생각이 들었다. 실제로 몇 년이 지나 나는 책의 저자와 마주 앉아 내가 살 집에 대해 '읽고 다시 읽고', 마침내 그에게 '쓰는' 일을 부탁했다. 온전히 책이 만들어 낸 인연이었다. 그 책이 바로 건축가 김기석의 ≪집이야기≫다.

건축가에게 자신만의 문장이 있다고 말하는 것이 유익할지는 모르나, 그에게는 누구도 흉내 내지 못하는 그만의 단련된 언어와 문장이 있다. 사실 그는 건축가이며 시인이고 소설가이기도 하다. 나는 그의 모든 글에서 드러나는 통찰과 전언에 번번이 놀란다. 압도적이다, 라고 말하지 않을 수 없다.

이 책은 삶 전체가 아주 특별했던, 지금은 존재를 감추고 나타나지 않는, 한 건축가의 집에 관한 명상이다. 그의 명상이 얼마나 광활한지는 읽은 자만이 알 수 있다. 그냥 지나쳐도 무방하지만, 내 몸이 들어가 살고 있는 집을 이토록 깊이 '읽어 내는' 독서의 경험을 놓치는 것은 몹시 아쉬운 일이다. 나는 다행히도 놓치지 않았다!

2017년
양 귀 자 (소설가)

## 오랜 기다림이었다

"자신이 살아보지도 못할 것을 알면서 생명을 희생하기까지 하여 남기는 집이란 도대체 무엇인가? 집을 얻기 위해 혹은 그것을 지키기 위하여 얼마나 많은 사람들이 피나는 투쟁을 불사했던가? 집은 영속적 형식과 상징으로 존재하기도 했던 것이다. 집이 사라졌을 때 사람도 사라졌다. 집에 대한 기억은 영혼의 울림 속에 있다. 사람이 소유하는 것 중에서 이렇게 온몸으로 기억되고 온몸으로만 포착될 수 있는 보편적인 대상은 드물다. 집에 대해서 깨어나는 것은 곧 사람에 대해서 깨어나는 것을 의미하는 것이다."
_ 건축가 김기석의 집이야기 전집 『길은 집을 만들고』 중에서

오래전 일이다.

찌는 듯 무더웠던 1994년의 여름, 마로니에 공원이 훤히 내려다보이는 아람광장 사무실의 한편에서 수없이 점을 찍고, 또 찍으며 몇 밤을 지새웠던 기억이 새록새록하다. 0.1밀리미터 로트링 펜으로 흰 종이 위에 하염없이 점을 새겨가며, 건축가 김기석이 이야기하는 집에 대한 궤적을 그렸다. 저자의 제자가 아닌 한 명의 독자로서 다음 장에 펼쳐질 집 이야기가 너무도 흥미로워 이미지를 그려낼 때마다 점 찍는 속도를 높이기도 하였다. 건축이라는 깊이를 살갗에 문신으로 새기듯 한 땀 한 땀 곱씹으면서 집에 대한 흥미로움에 흠씬 빠져들었다. 돌이켜보면 내가 건축적 화두로 삼고 있는 큐빅크로키는 '집이야기'의 삽화 드로잉에서 시작된 듯하다. 끊임없는 점 찍기가 공간의 얼개를 읽는 계기가 되었기 때문이다.

나의 스승, 건축가 김기석은 300여 채의 고급 주택을 남기며 김기석류의 건축 양식을 창조하였고, 1970년대 우리마당 연작으로 홍대 앞 피카소 거리의 문화 초석을 다졌다. 1989년 일본 도쿄의 '갤러리 마'에서 주최한 '한국건축 3인전-마당의 사상'전을 통해 한국을 대표하는 건축가로서 이름을 알리기도 하였다. 전시회 주제인 '마당의 사상'은 김기석이 제안한 것으로 그의 건축에서 핵심을 이루는 것이다.

건축가로서는 마초적인 모습을 보여 주기도 하였지만, 인간 김기석은 어떤 권위나 주장을 함부로 내보이지 않았다. 천성이 소탈하여 늘 편안함에 익숙했고, 아람광장에서 대면했던 일상은 늘 선한 웃음이었다. 쑥스러움은 인간 김기석의 본모습이며, 그의 내면엔 어린아이 같은 순진성이 하나 가득했다. 그를 낭만주의 건축가라 말하는 이유도 여기에 있을 것이다. 그는 『현대시학』을 통해 문단에 등단하면서 시인이자 소설가로서 활동 영역을 넓히며 여러 권의 시집과 소설을 출간하기도 하였다.

오랜 기다림이었다.

절판된 『건축가 김기석의 집이야기 (대원사, 1995)』를 『집은 디자인이 아니다』란 제목으로 다시 만나 그의 '집'에 대한 담론을 다시금 접할 수 있게 되어, 그의 마지막 제자로서 너무도 감사할 따름이다. '집이 사라졌을 때 사람도 사라졌다.'라는 선생님의 말씀을 되새기다 보면, 불현듯이 사라져 버린 그에 대한 그리움과 8년을 함께한 시간만큼의 공허가 더욱 그를 끌어안게 한다. 너무도 멋진 건축가 김기석을 다시금 품게 해 준 디북의 이재성 편집장님께 김기석의 제자로서 진심 감사함을 전한다.

2017년
스튜디오 꾸시노에서
구 승 민

## 집으로 가는 재미난 여행

일을 마치고 집으로 가는 사람들의 발걸음에서 그리움이 묻어난다. 그리움은 가족들과 함께하는 시간의 즐거움, 공간의 포근함 등 심정적이고 추상적인 것에서 비롯한다. 요즘 혼자 사는 사람들도 많지만, 공통적으로 집은 안정감, 따뜻함, 평온함, 안락함 등을 준다. 이런 것을 느끼지 못해 집에 들어가기 싫다는 사람들도 있지만, 집으로 돌아가는 길과 집의 의미를 찾아가는 길은 안전하고 즐겁고 따뜻한 것을 찾아가는 여행이다. 집은 그 태생부터 생명을 보호하고 지키기 위해 인류가 자연에서 발견한 것이기 때문이다. 집을 찾아 가는 먼 시간 여행이 기대되는 이유이기도 하다.

『건축가 김기석의 집이야기』에 대해 처음 관심을 갖게 된 것은 로트링 펜으로 섬세하게 그린 삽화 때문이었다. 수만 개의 점들로 만든 건축물의 자태는 놀라움 그 자체였다. 삽화에 대한 감탄은 자연스럽게 글에 대한 관심으로 이어졌다. 누구나 쉽게 읽을 수 있고, 누구나 집에 대해 이야기할 수 있게 하는, 내가 오래도록 기다리던 글이었다. 건축을 배울 때 이 책을 봤더라면 나도 건축가가 되지 않았을까, 하는 생각이 들 정도로 집에 대한 저자의 시각과 생각은 색다르고 멋있었다.

김기석은 이 책의 초판이 나왔던 당시에 가장 잘나가는, 요즘말로 핫한 건축가 중 한 명이었다. 1989년 도쿄 '갤러리 마(間)'에서 조성룡, 김인철과 함께 한 '마당의 사상'전을 계기로 한국을 대표하는 건축가로 자리매김했으며, 1980~1990년대 강남 일대를 휩쓴 모임지붕의 단독 주택 원형을 창조해 낸 건축가였다. 이 책에 담긴 집에 대한 그의 원칙과 철학은 300여 채의 집을 설계한 오랜 경험과 지혜를 바탕으로 완성한 것이다. 그가 이야기하는 집은 단순히 미학과 공학의 결합이 아니라 더 근원적인 인간의 본질과 형식에 관한 어떤 것이다.

부엌 가구에만 몇 억을 쓰는 사람들이 있다. 이 책에서 이야기하듯 부엌이 중요한 공간이라서가 아니라 집을 자랑하는 이벤트를 위해서다. 재미있는 사실은 고가의 부엌 가구를 설치하는 집일수록 정작 당사자가 부엌을 사용하지 않을 확률이 높다는 점이다. 비싼 부엌은 집주인에게 더 이상 일상적 공간이 아니라, 사회적·경제적 지위를 드러내는 장식이자 이벤트를 위해 아름답게 디자인된 보여주기 위한 공간이다. "아무리 크고 화려해도 보여주기 위해 짓는 집은 실패한 집"이라고 말하는 저자의 문제의식을 고스란히 드러내는 실례이다. 문제는 집 안에 이런 공간이 넘쳐나는 데 있다. 부엌은 고급 레스토랑으로, 거실은 미술관으로, 침실은 영화관으로, 화장실은 도서관으로, 베란다는 카페로 꾸며진다. 집에서 일상이 사라진 것이다. 일터에서 돌아오면 호텔 레스토랑 같은 부엌에서 요리를 먹고, 베란다 카페에서 차도 마셔야 하고, 거실에서 그림도 감상해야 한다. 잠자기 전에는 영화를 봐야 하고, 화장실에서는 책도 읽어야 한다.

디자인은 쓰임새를 바탕으로 한 시각적 표현을 목적으로 한다. 경제성과 실용성 등 사용성을 고려하지만 궁극적으로는 아름다움을 추구한다. 집을 짓는 것도 이와 다르지 않다. 문제는 눈에 보이는 무엇인가를 만드는 것에 집착한 나머지 모델하우스 같은 공간을 만드는 데 있다. 이러한 태도는 사용성에 기반한 집이 갖는 일상적 의미보다는 디자인 자체의 아름다움이나 일시적 즐거움에 비중을 두기 때문이다. 그렇다면 집은 어떻게 지어야 하는가? 이 질문은 '집이란 무엇인가'라는 근본적 물음에서 다시 시작되어야 한다. 이 물음은 사람뿐만 아니라 생명을 지닌 모든 것들이 왜 집에 살아야 하는지를 밝히는 것이기도 하다. 저자가 이야기하는 것처럼 집은 '생명에서 출발하여 사랑으로 완성'되는 것이기 때문이다. 디자인 범람 시대에 본질에 대한 갈증을 해소할 수 있는 하나의 방법을 이 책이 제시할 수 있을 것이라고 생각한다.

이 책은 『건축가 김기석의 집이야기 (대원사, 1995)』를 재편집한 것이다. 재편집은 저자가 말하는 '집은 생명이다'라는 명제가 선명하게 드러나도록 초점을 맞추었다. 또한 집의 역사와 철학, 문화적 배경을 독자들이 쉽게 이해할 수 있도록 기존의 내용을 재구성하였다. 그렇다고 이 책이 집에 대한 이론서나 실용서가 된 것은 아니다. 여전히 편하고 가볍게 읽을 수 있는 집에 대한 에세이다. 한편 기존 책에는 없던 주석을 편집자의 판단으로 설명이 필요하다고 생각되는 부분에 새롭게 추가했고, 몇몇 이미지를 더했다. 본문에 소개되는 주요 건축가와 건축물은 각 단락 끝에 별도로 설명하여 독자의 이해를 돕고자 하였다. 이에 대해 잘못된 내용이 있다면 전적으로 편집자에게 책임이 있음을 밝힌다.

이 책은 저작권자인 구승민 대표와 협의 하에 발행하였다. 책의 발간을 위해 무던히 애를 써주신 데 대해 깊이 감사드린다. 김기석 선생의 책이라는 말에 선뜻 추천사를 써 주신 소설가 양귀자 선생께도 심심한 사의를 표한다.

2017년
편집자 이 재 성

## 차례

### chapter 01 집은, 그냥 집이 아니다

**집은 □다**     20
집은 사랑이다 / 집은 문학이다 / 집은 추억이다 / 집은 동경이다 / 집은 바다다 / 집은 상징이다 / 집은 성(性)이다 / 집은 리듬이다

**집은 이렇게 시작되었다**     38
최초의 집은 어떻게 만들어졌을까? / 집은 우주에서 시작되었다 / 집의 원형을 탐색하다

**집 짓기를 궁리하다**     60
추위와 더위, 바람에 대해 궁리하다 / 환기와 통풍을 궁리하다 / 저장을 궁리하다 / 최고의 발명품, 온돌을 고안하다 / 굴뚝, 우리 문화의 우수성을 드러내다 / 라이트가 만든 온돌에서 살다

### chapter 02 집은, 인류의 문명사다

**부엌은 집의 심장이다**     86
집의 출발은 부엌이었다 / 한국의 부엌은 창조적 공간이었다 / 부뚜막과 가마솥, 우리 문화의 기초가 되다

**방은 집의 문명사다**     98
맨발의 공간, 그것은 문명이었다 / 잠자리의 세계사를 살펴보다 / 모둠잠과 따로잠의 조화가 필요하다

**마당은 집의 고리다**     110
마당은 보따리 문화의 산물이다 / 마당은 공간을 엮는 고리다 / 마당은 빈 그릇이다 / 마당이 사라지고 있다

## chapter 03 집은, 지혜로 짓는다

**계단은 또 다른 마당이다** 122
우리 민족은 계단을 싫어했다 / 계단은 그냥 계단이 아니다 / 마당이 되는 계단도 있다 / 열린 계단은 열린 길이다

**창문은 빛의 조각이다** 136
집은 그늘에서 시작해 빛으로 완성된다 / 빛의 향연이 시작되다 / 창문으로 빛을 조각하다 / 하늘의 빛을 담다

**문은 공간의 흐름이다** 148
문은 시를 만든다 / 문은 실제이면서 상징이다 / 세상에는 별난 문도 많다

## chapter 04 집은, 삶으로 이루어진다

**사람들은 모여서 산다** 164
도시의 꿈이 도시를 만든다 / 집합 주택은 고대에도 있었다 / 아파트가 된 원형 경기장도 있다

**문화가 집의 풍경을 만든다** 180
집과 물이 만나 낙원을 이루다 / 물 위에 산다 / 하나의 집 속에 하나의 마을이 있다

>> 프롤로그　떠나기 전에　　　　　　　4
>> 추 천 사　집에 대한 광활한 명상　　6
>> 재출간서문　오랜 기다림이었다　　　8
>> 편집자의말　집으로 가는 재미난 여행　12
>> 에 필 로 그　마치면서　　　　　　　190

chapter 1

# 집은,
# 그냥
# 집이 아니다

# 집은 □ 다

<u>집은 사랑이다.</u>　　집은 늘, 그냥, 집이 아니다. 집이란 인간의 의식에서 대단히 본래적인 위치를 차지한다. 그것은 밥, 어머니, 신(神) 혹은 잠, 꿈, 새, 하늘, 죽음과 같은 단어들이 포괄적인 상징성을 가지고 인간의 의식 속에 존재하는 것과 같다. 집은 늘 집 이상의 것으로, 어머니나 신과 같은 의미의 사랑이다.

　사랑을 심장(하트)으로 흔히 표현하는데, 심장은 인체에 생명 에너지를 공급하는 기관이다. 만약 인공지능에게 사랑을 그리라고 하면 배터리(battery)를 그릴 지도 모른다.

　그렇다면 건축가에게 사랑을 집의 평면도에 그리라고 하면 어떻게 그릴까? 집의 심장은 부엌이랄 수 있으니 부엌을 그릴 것인가? 부엌을 곧바로 그리는 것은 너무 직설적이다. 그것은 산문이지 시(詩)가 아니다. 사랑은 산문이어서는 안 된다. 그래서 나는 부엌과 연계된 밝은 아트리움[1]을 그린다. 집의 중앙에 있어서 밝은 빛(skylight)을 받으며 날도래[2]를 끌어 들이듯 사람의 마음을 끌어 모으는 공간, 거기에 커다란 식탁을 마련한다. 이 식탁이 집의 심장을 상징한다. 이 식탁에서는 격식을 갖춘 식사뿐만 아니라 가급

[1] 고대 로마 건축이나 초기 기독교 건축에서는 주위의 건축 구조물에 의해 만들어진 중앙 정원 및 안뜰을 의미했으나, 근/현대 건축에서는 유리로 둘러싸인 크고 높은 실내 공간을 일컫는다.

[2] 날도랫과의 곤충을 통틀어 이르는 말이다. 성충은 물가에서 주로 관찰되고, 이른 밤부터 등불을 찾아온다. 나방처럼 생겼으나 날개에 비늘가루가 없고 털만 있어 나비목 곤충과 구별된다.

적 다양한 가족생활과 자유롭고 선택적 행위가 이루어질 것으로 기대한다. 엄마의 곁에 있고 싶어 하는 아이들은 이 식탁에서 숙제를 하는 것도 좋을 것이다. 여기에는 텔레비전이 있어도 좋고 컴퓨터가 한 대쯤 놓이는 것도 괜찮다.

나는 어린 시절 안방의 둥그런 앉은뱅이 식탁 한가운데에 램프를 올려놓고 온 가족이 둘러앉아 공부를 하던 기억을 영 못 잊는다. 그 시절 안방 아랫목은 바로 집의 심장이었다. 우리는 그 심장에 발을 파묻고 따스한 사랑이 온몸으로 퍼져 나가는 것을 경험하곤 했다. 그 식탁은 밥상이자 책상이고 놀이판이었다. 그것은 집의 상징이었다.

이러한 달콤한 추억과 향수를 말하는 것은 그 속에 중요한 요점이 있기 때문이다. 현대 주택은 그러한 결정적 구심점을 대개 상실하였다는 점이다. 요즘 짓는 주택의 기술과 재료는 과거에 비해 눈에 띄게 발전하였지만 사랑에는 실패했다. 사랑은 컴퓨터와 공학으로 포착될 수 있는 물질이 아니다. 그것은 생명 에너지이며 혹은 그 이상의 것이다.

### 집은 문학이다.

마르그리트 뒤라스[3] 원작의 「연인(The Lover)」이라는 영화는 화면이 중세 화가의 그림처럼 짙고 어둡지만 잊히지 않는 인상적인 영화다. 그 영화는 우리가 사랑을 한답시고 떠들어대는 것이 사랑이 아니라, 사랑이 아니라고 말하는 즉물적 경험의 진한 과정 속에 웅크리고 숨어 있다가 다 잃고 나면 사

[3] 전후 프랑스 문학사에서 가장 문제적인 작가 중 한 사람으로 꼽히는 마르그리트 뒤라스(Marguerite Duras, 1914~1996)는 프랑스의 식민지였던 베트남에서 태어났다. 1932년 프랑스로 귀국하여 소르본 대학에서 법학과 정치학을 전공하고, 졸업 후 식민지 담당 부서의 공무원으로 지내다가 1941년에 퇴직했다. 1943년 유년기 아시아에서의 체험과 가족애를 소재로 한 첫 소설 『철면피들(Les Impudents)』로 데뷔한 이후 50여 년에 걸쳐 70편에 달하는 작품을 발표하며 20세기 프랑스 문단을 대표하는 작가가 되었다. 특히 1984년 공쿠르 상을 수상한 『연인(L'Amant)』은 프랑스를 비롯한 세계 각국에서 수백만 부가 팔렸고, 장 자크 아노 감독의 영화로 제작되었다.

지가 잘려 나간 맹수처럼 울부짖는, 그것이 진실일 수 있다는 내용을 담고 있다. 자전적 소설을 각색한 이 영화는 베트남에 거주하는 15세 프랑스 소녀의 내레이션으로 시작한다.

방학이 끝나고 통통거리는 연락선을 타고 사이공으로 돌아가는 메콩 강 위의 장면이다. 돼지를 실은 버스가 페리에 올라오자 그녀는 천천히 뱃전으로 걸어 나와 메콩 강을 바라본다. 그녀는 커다란 남성용 모자를 쓰고 있다. 당시 식민지였던 베트남에는 그런 모자를 쓰는 여자가 없었지만, 그녀만은 그 모자를 벗지 않았다. 그녀는 중얼거린다.

"I'm never without it!"

'그것은 집과 같았다'고 그녀는 그 모자를 회상한다.

여기서 그녀가 의식했던 집이란 무엇일까? 대개의 경우 집이란 쓰고 다니는 것이 아니다. 홀어머니와 두 오빠가 살고 있는 사덱의 집, 아편 중독자인 큰오빠의 폭력에 시달리는 그녀의 실제 집은 공포의 공간이었다. 그녀는 자기의 몸을 사 주고 좋은 음식을 사 주는 부호의 상속자인 중국 청년과 성애에 탐닉한다. 그녀는 자기가 사랑을 하는 게 아니라 단지 몸을 팔고 있다고 말한다. 그러나 길고 끈끈한 만남과 온갖 우여곡절 끝에 이별은 오고, 마침내 프랑스로 귀향하는 여객선 위에서 홀로 밤을 맞은 그녀는 자기가 진정으로 그를 사랑했음을 발견하고 통곡한다. 남성용 모자를 집이라 생각하며 쓰고 다녔던 그녀가 가리키는 집은 부성애를 의미하며, 그 중국 청년이 베풀 수 있었던 사랑이 바로 그것을 충족시켰던 것은 아닐까? 집이란 말은 때로 이렇게 문학적이다.

*집은 추억이다.*    남는 것은 추억이다. 하나의 집은 쓰이고 사랑받다 사라지며 추억을 남긴다. 기억이 포도즙이라면, 추억은 포도주로 저장되어 발효된 기억이다. 기억이 산문이라면, 추억은 시며 향기를 가진다. 추억은 사랑을 위하여 사는 인간 여행의 마지막 스케줄 속에 있다.

최고의 집은 추억의 집이다. 나의 추억 속에서만 존재하는 집이 있다. 언덕 위의 하얀 집, 카사블랑카는 추억 속에 있는 집이기 때문에 노래가 된다. 하와이 호놀룰루에 있는 진짜 카사블랑카는 아무런 추억도 가지고 있지 않기 때문에 내게 평범한 느낌밖에 주지 못한다. 나에게 그 집은 그냥 다만 하얀 집일 뿐이다.

추억의 집 속에는 샤갈이 있다. 눈이 내리는 샤갈의 마을에는 사락사락 내리는 눈길을 걸어 돌아오는 우리들의 반가운 얼굴이 있다. 동화처럼 매달린 고드름이 아침 햇살을 받아 자랑스럽게 반짝이던 낮은 추녀……. 나는 이것을 그리워하며 물홈통이 없는 긴 지붕을 설계한 적이 있다. 집은 그리움을 드러내기 위하여 있는 것이지 그것을 지워 버리기 위해 만드는 것이 아니라고 변명을 하며 나는 어린아이처럼 고드름을 그려 넣곤 했다.

또한 추억의 집에는 재 속에 묻어 둔 감자가 익기를 기다리며 쪼그리고 앉아 아궁이의 군불을 지켜보는 아이가 있다. 우리에게 아궁이의 불은 아름답고 정다웠다. 그래서 추억은 어떠한 건축적 성취보다 더 위대하다. 추억 속에는 감사에 가득 찬 한 방울의 따뜻한 눈물 같은 것이 있다. 그래서 이 생애의 많은 곡절(曲折)은 추억을 남긴다. 추억 속에서는 삼태기처럼 까칠했던 어머니의 손도 아름답게 빛난다. 그것은 실로 아름다운 것이었기 때문이다. 추억만이 존재의 실존을 사실대로 남긴다.

영화 '바람과 함께 사라지다'의 주제곡 「타라의 테마」가 흐른다. 영화를 본 사람들에게 이것은 추억의 또 다른 모습이다. 비비안 리였든 혹은 스칼렛 오하라였든 그것과 상관없이 타라의 집은 음악이 되어 흐른다. 당신은 그 집에 추억을 느끼지 않는가? 그것이 살아 본 적이 없는 소설과 영화 속의 집이었다고 해서 당신은 그 집의 추억과 무관할 것인가? 그 집의 추억은 이미 당신의 추억이다. 이것은 예술이 부리는 마술이다. 예술은 경험을 공유하는 마술을 내포한다. 추억 없이 당신은 그 음악을 들을 수 없다. 당신은 이미 그 황홀한 황혼을 경험하였으며 그 집을 경험하였다. 아름답다, 사는 것은. 참으로 아름답다, 사는 것은 추억이 있기 때문이다.

<u>집은 동경이다.</u>   말라게냐[4]를 추는 집시들이 몸을 떨고 있었다. 집시 여인들은 집에 있어도 영원히 집이 없는 새악시들이었다. 나는 그들의 처절한 춤사위를 보면서 집을 생각하였다. 집 없는 자들의 집의 춤사위, 집에 대한 그리움, 영원한 집에 대한 향수와 동경, 집시의 춤 속에는 그런 것이 있다. 깊은 무엇이 나를 찌르고 있었다. 그들의 집을 생각하면서 그들의 집을 위하여, 영원의 집을 위하여, 그들의 춤사위와 더불어 몸을 떨면서 나는 목이 메었

[4] 스페인 남부 안달루시아에 있는 항구 도시, 말라가(Málaga)의 민요이자 무곡이다. 화려한 춤곡으로 빠른 3박자로 되어 있으며, 주로 기타와 캐스터네츠로 연주되는 것이 일반적이다.

다. '아, 집 속에는 건축학개론에서는 도저히 찾아볼 수 없는 것이 있구나.' 하고 나는 전율하였다. 집 없는 자들이 어찌 집시들뿐이랴. 일찍이 라이너 마리아 릴케는 이렇게 노래하였다.

"지금 집 없는 사람은 영원히 집이 없을 것입니다.

지금 잠들 수 없는 사람은 영원히 잠들 수 없을 것입니다.

밤을 새워 시를 쓰고 편지를 쓰며,

가랑잎 흩날리는 가로수 길을 걸을 것입니다."

건축가는 결국 집을 만들지 못한다. 이 불행한 전문가는 마침내 자신의 영역의 쓸쓸한 문을 닫고 황야로 나선다. 그리고는 다시 묻는다.

집이란 무엇이었던가?

찰스 무어[5]는 그의 저서 『The Place of Houses』에서 집은 방의 질서와 기계의 질서와 꿈의 질서로 이루어지는데, 동경(憧憬)은 꿈의 질서의 주성분이라고 했다. 또한 집은 동경이라는 것에 형태를 부여해 왔다고 말한다. 공학적인 궁리만으로 집은 지어지지 않는다. 집은 다분히 인문학적인 것으로 꿈속에서 피어난다. 집에 대한 그림의 안팎에는 동경과 그리움과 향수가 묻어 있다. 동경의 그림은 산 너머 멀리 있는 것, 바다 건너 멀리 있는 것, 시간의 강을 건너 미래에 있는 것, 현실의 장벽을 넘어 환상 속에 있는 것을 포함한다. 향수(鄕愁)의 성분 속에는 안에 있는 것, 과거에 있는 것, 시작에 있는 것, 고향의 이미지와 같은 것이 있다.

사람들은 집을 지으면서 종종 자신들의 것과는 동떨어진 시대

[5] 찰스 무어(Charles Moore, 1925~1993)는 1970년대 미국에서 전개된 포스트모더니즘을 주도한 건축가 중 한 명이다. 대표작으로 뉴올리언스에 계획한 「이탈리아 광장(Piazza d'Italia)」은 장식과 상징주의로의 귀환, 역사적 참조물의 사용, 표현과 의미화에 역점을 둔 작업으로, 국제적인 논쟁을 불러일으킨 바 있다.

나 장소를 상기시키는 어떤 요소를 덧붙인다. 사람들은 집을 짓는 다기보다 그린다. 머릿속에서, 마음속에서, 꿈속에서 혹은 현실 속에서 집을 그리는 사람은 진정으로 행복한 사람이다. 불행한 사람에게 집을 그리는 여유가 있을 리 없다.

 집을 그리는 사람의 머릿속에서는 늘 샹송과 같은 감미로운 음악이 흐른다. 당신이 우울할 때 한입의 초콜릿은 확실히 도움이 된다. 그러나 비만증이 조금 문제가 된다면 흰 종이를 꺼내 들고 진하고 무른 연필에 침을 묻혀 가며 당신이 가지고 싶은 집을 그려 보라. 그때 당신이 그리는 집은 현실적으로 실현 가능성이 적을수록 좋다. 그것은 초콜릿보다 경제적으로, 또한 지방을 남기지 않는 방법으로 엔도르핀을 생산해 준다.

**집은 바다다.**  사람은 단순히 집을 그리는 것으로도 행복해질 수 있는 동물이다. 아니 집에 대한 이야기를 하는 것만으로도 행복해질 수 있는 동물이라 해야 옳을지도 모르겠다. 그것은 집을 생각하는 그 마음에 이미 그윽하고 가없는 동경과 그리움과 향수의 바다가 가득 찰랑이고 있기 때문이다. 그것은 바다다. 생명이 출현한 바로 그 바다다. 어머니의 바다, 존재(The Being)의 바다다.

 집은 바다로 가득 찬다. 아는가? 집을 채우는 것이 이 보이지 않는 빛의 바다임을. 집은 궁리로 시작되지만 바다를 채움으로써 마무리된다.

어느 날 스승은 말하였다.

"내 법(法)은 바다와 같다. 그대가 소라를 찾으면 소라가 있고, 피조개를 찾으면 피조개가 있다. 전복을 따는 자에게는 전복이 보이고, 진주를 찾는 자에게는 진주가 보인다. 수많은 모습들이 바다에 있고, 수많은 모습들이 바다를 먹고 산다. 바다는 침묵이며 동시에 소요이다. 바다는 평화이며 동시에 격랑(激浪)이다. 그러나 이 모든 변화의 드라마는 그 표면에 있는 것이며, 그대가 그 속으로 들어갈수록 그대는 고요를 알게 될 것이다. 변하지 않는 고요, 그 고요의 완벽한 기쁨에 그대는 당도하리라. 그 고요를 깨달을 때 그대는 바다의 전부를 깨닫게 되는 것이며 모든 존재의 모습을 깨닫게 되는 것이다. 그 고요에 도달할 때까지 정진하라. 정진하고 또 정진하라."

그 바다는 혹시 집을 말하는 것은 아닐까? 혹은 적어도 집을 채우는 것을 말하는 것은 아닐까?

## 집은 상징이다.

C. G. 융[6]은 스위스에 집을 지었다. 그는 서툰 건축가가 노란 연습용 종이 위에 드로잉을 했다가는 지우고 덧붙이기를 수없이 하듯 그렇게 증축을 거듭하며 자신의 집을 지었다. 그는 말했다.

"나는 이 집을 부분으로부터 세워 왔지만 항상 그때그때 필요에 따라 하였다. 나는 꿈속에서 이 집을 지었다. 그리고 나중에야 비로소 각각의 부분이 전체로서 어떻게 조화되고 있는가, 의미 있

---

[6] 칼 구스타프 융(Carl Gustav Jung, 1875~1961)은 스위스의 정신과 의사로 정신질환자를 치료하는 과정에서 '단어 연상' 기법을 제안하며 주목을 받았다. 환자가 지닌 고통의 근원이 되는 '다양한 생각의 집합'을 일컫는 '콤플렉스'라는 단어를 고안하였으며, 자신의 이론을 '분석심리학'이라 명명하고 발전시켰다.

는 형태가 되어 있는가를 알았다. 그것은 정신 전체의 상징이 되었다."

그의 손질에 따라 집의 의미는 확대되고 완성되어 갔다. 그는 자각적인 의지의 밑에 있는 충동에 이끌려서 마치 무의식이 명령하는 대로 집을 지었다. 이 집의 구조는 자기 인식을 표현하는 상징이 되었다. 그는 자아 속에서 발견한 심리적 구조를 신화적으로 구체화하려고 모색했다. 그는 그러한 작업이 보편적인 의미를 가지고 있다고 믿었다. 그 집은 세 개의 탑으로 만들어졌다. 그 탑들은 의식의 여러 특성과 동일시된다. 그것은 휴식의 상태, 에워싸인 상태, 밖이 보이는 상태를 나타낸다. 방은 회화나 비문으로 장식되고 에워싸인 뜨락에 면하고 정원은 그가 직접 그리스나 로마의 묘비명을 새긴 돌로 가득 채워졌다. C. G. 융이 만들어 낸 현실로서의 집과 그의 꿈과 무의식과의 관계에는 대단히 확고한 전문성이 보인다. 적어도 그는 꿈에 대한 과학자였기 때문이다.

'혼트 힐'이라는 공상적인 성을 세운 헨리 마사는 여행 중에 감동을 받은 건물의 기억과 회상적 이미지만을 가지고 개성적인 집을 만드는 데 성공했다. 그 집을 구성한 변화무쌍한 부분들은 지극히 개인적인 경험의 번쩍이는 순간으로부터 온 것이었다. '살로니카의 어느 오후를 상기시키는 것'과 같은 그런 이미지들이었다. 그것은 꿈속에 저장된 기억들을 끄집어내어 집을 짓는 것과 같은 일이었다. 시적 감수성을 통한 경험은 이렇게 집을 만들기도 한다.

그러나 민초들의 꿈은 가엾고 덧없다. 꿈속에는 어떤 위험도 있다. 꿈은 그냥 꿈 그대로일 때가 더 좋을 때도 있다. 하지만 어떤

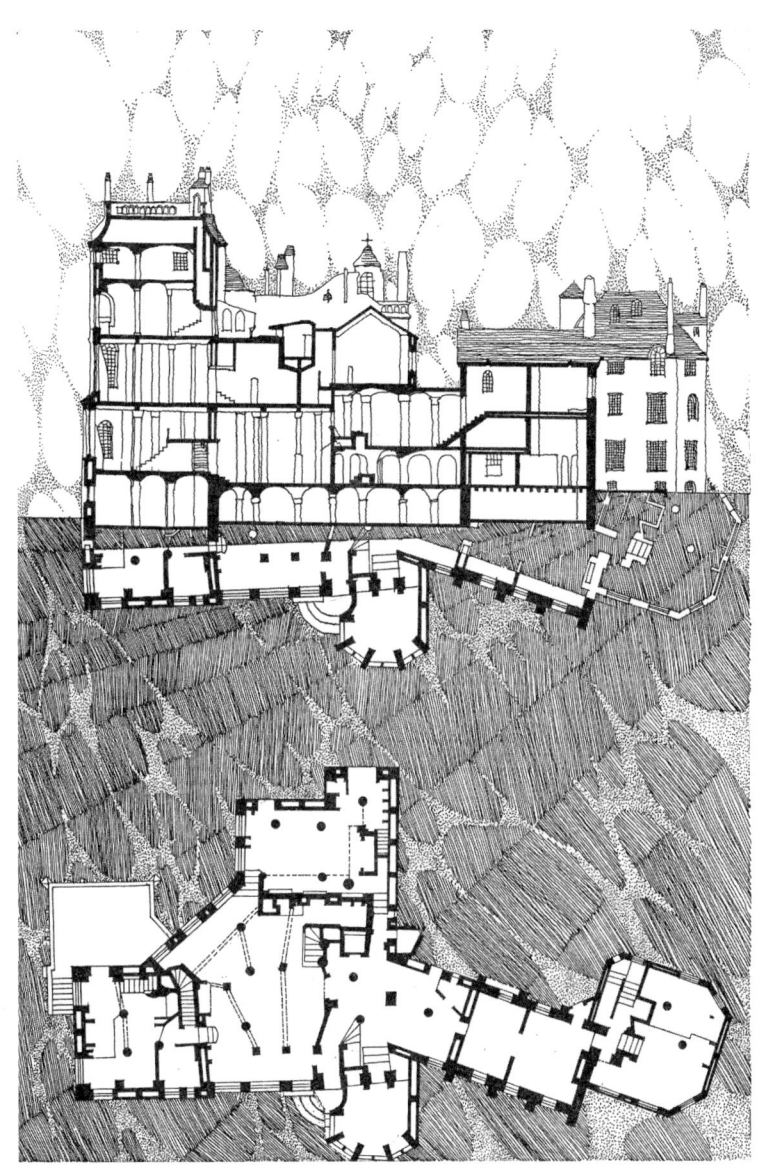

혼트 힐의 단면과 평면도.
헨리 마사는 여행 중의 기억과 회상적 이미지만을 가지고 이 집을 만들었다.

사람들은 그 꿈의 조각을 가지고 건축가가 된다. 그때 인간의 덧없는 꿈이 지어낸 집은 결코 덧없지 않다.

인간의 끊임없는 그리움과 갈증과 고독의 자취를 집은 드러내고 있다. 집은 인류의 일기장이며 또한 편지이기도 하다. 미래로의 편지, 미래를 향하여 띄우는 민초들의 편지 — 실로 더 이상 소박할 수 없는 신에 대한 전상서(前上書)이다.

**집은 성(性)이다.** 같이 자는 것이 성(性)을 뜻한다면 같이 자기 위해 만든 집은 애초부터 성적인 것이다. 집사람은 대부분 아내를 가리키지만 남편이나 아내는 성적인 관계가 있는 동반자다.

건축가 프랭크 로이드 라이트는 말년에 어떤 전문지 기자와의 인터뷰에서, "당신의 건축이 섹시하다는 것을 시인하십니까?"라는 질문을 받았을 때 얼굴을 붉히면서 "그것은 사실입니다."라고 고백하였다고 한다. 그가 그것을 자각하고 있다는 것은 그의 작품에 성적(性的) 이미지가 다소 의도적으로 내포되어 있음을 말해 준다.

구겐하임 미술관이나 존슨 왁스 빌딩7의 공간은 한마디로 섹시하다. 여기서 구체적으로 어떠어떠한 부분이 섹시하다고 말하는 것은 옳지 않다. 그는 조형적 직유법을 사용하지 않았고 고도의 은유를 구사하여 전체적으로 섹시한 공간을 연출하였다. 로비하우스를 위시한 초기의 걸작들도 좀 다른 의미에서 섹시하다. 견고하고 거대한 굴뚝과 아슬아슬하게 쭉쭉 뻗어나간 차양의 돌출은 가

7 미국 위스콘신 주 라신(Racine)에 위치한 존슨 왁스 빌딩(Johnson Wax Administration Building)은 버섯 모양의 기둥들이 만들어 내는 내부 공간이 인상적이다. 바닥에서 가늘게 솟은 원형 기둥은 상부를 향할수록 점점 굵어지는데 그 모습이 동굴의 종유석 같기도 하다. 기둥 끝에는 넓은 원반 모양의 구조물이 지붕을 지지하며, 원반 사이사이의 유리 튜브를 통해 자연채광이 이루어진다.

히 남성적 근육질의 섹스어필과 속도감을 드러낸다. 여기에 비하면 후기 작품은 여성적인 섹스어필을 가지고 있다. 낙수장이나 마야풍의 일부 작품들 속에도 단순하고 개성적인 성적 매력을 숨기고 있다. 그의 작품이 신비스러운 흡인력을 발산하는 것은 이처럼 성적 동기가 잠재하여 있기 때문이다.

역사 속에는 성적 동기가 건축의 형태를 좌우한 실례가 많이 있다. 이집트의 오벨리스크[8]나 모스크의 미나레(minaret)[9]가 남근의 상징에서 출발했다는 것은 누구나 다 아는 일이다. 부풀어 오른 모스크의 돔(dome)은 여인의 부풀어 오른 젖가슴을 상징하고 타지마할 전면 중앙에 깊게 파인 그늘진 아치(arch)는 여성의 옥문을 상징하였다. 이슬람 건축은 음양의 조화를 통해 우주와 천국을 표현하였다. 이 세상에서 가장 성적 억압이 심한 이슬람 문화권에서 가장 성적인 건축을 남겼다는 사실은 아이러니다. 장난꾸러기 학생들은 이런 건축을 'Sexitecture' 혹은 'Xtecture'라고 부른다. 그런데 장난꾸러기가 아닌 근엄한 기독교 사원에도 오벨리스크의 영향을 받은 종탑들이 하늘을 찌르고 서 있다. 링감(lingam)[10]의 은유인 종탑이. 천 년 전 인도의 카주라호(Khajuraho) 벌판에 흰개미 집처럼 지천으로 깔려 있던 수많은 힌두 사원의 외벽에는 이보다 훨씬 직설적인 성행위가 묘사되어 있다. 그러나 이것은 포르노가 아니고 탄트라[11] 고행자의 수도 행위였다.

그들은 공덕을 높이고자 인간이 상상할 수 있는 모든 체위와 조합의 성관계를 꼼꼼히 새겨 넣었다. 거기에는 1대 4의 관계까지 있다. 그러나 이런 것들은 종교적 가치가 있을지는 몰라도 너무 직설

8 고대 이집트의 태양신을 상징하는 돌기둥이다. 단면은 사각형이고 위쪽으로 갈수록 가늘어지는 모양이며, 끝 부분은 피라미드 형상이다.

9 이슬람교 사원의 첨탑을 말한다.

10 힌두교의 시바 신을 상징하는 남성 성기 모양의 기둥이다.

11 힌두교, 불교, 자이나교 등에서 행해지는 밀교 수행법, 또는 그것을 담은 경전을 이른다.

적이어서 오히려 산문적이다. 훌륭한 집은 세련된 은유를 필요로 한다. 커다란 굴뚝(♂), 커다란 아궁이(♀), 코끼리 다리만한 통나무 장작(♂)이 요염하게 불타오르고 있는 집(♀)의 이미지, 이것이 집이 사용하고 있는 가장 보편적인 에로틱 이미지다. 이 은유 속에는 엑스터시와 함께 매우 건강한 평화가 있다.

프로이드는 모든 예술의 내면에 성적 동기가 내재되어 있다고 했지만 상위문화와 하위문화 등 사람이 만든 문화의 총화인 집의 곳곳에는 은밀한 비밀 이야기와 비밀스런 표현과 장치가 내재되어 있다.

<u>집은 리듬이다.</u>　　열고 닫는 것은 춤이다. 사교댄스는 'Open and Shut'으로 일관한다. 열기만 하거나 닫기만 해서는 춤이 되지 않는다. 열면 반드시 닫아야 하고 닫으면 반드시 열어야 리듬이 생긴다. 리듬을 만드는 것이 춤이고 리듬이 내재된 것이 곧 생명이기도 하다. 춤은 생명의 특성을 직감적으로 표출하는 것이다.

열고 닫는 것은 집이기도 하다. 그러면 집은 곧 춤이 되는 것인가? 그렇다. 집은 견고한 춤이다. 공간에는 열리는 구석과 닫히는 구석이 있다. 닫히기만 하는 공간은 정체된 공간으로서 흐름이 없다. 열린 공간이라 해도 사방팔방 다 열려 있으면 흐름이 생기지 않고 퍼져 버린다. 흩어져 버리고 마는 것이다. 흐름은 열림과 닫힘이 교차할 때 생긴다. 우수한 도시와 우수한 집에는 이런 재미가 있다. 설악산 계곡처럼 굽이굽이 물 흘러가는 재미, 이른바 계곡미

(溪谷美)가 있어야 한다. 계곡미야 한국이 으뜸이 아니겠는가. 그래서 한국의 전통 건축 공간에는 굽이굽이 흐르며 열리고 닫히는 재미, 공간의 춤이 있다.

우리나라의 건축은 원래 북방의 폐쇄적 공간과 남방의 개방적 공간의 교합으로 생겨났다. 북쪽에서 온 것은 온돌이요, 남쪽에서 온 것은 대청마루다. 한국의 칸살잡기는 이 두 요소의 반복으로 이루어진다. 닫힌 칸과 열린 칸이 짝을 지어 채를 이루고, 채와 채가 열린 마당을 끼고 짝을 이루어 집을 이룬다. 그래서 그 사이를 흘러가는 공간은 계곡을 지나는 물처럼 바람처럼 둥다당둥당, 가야금 소리라도 낼 듯이 흥이 난다.

인도의 아그라(Agra)에는 타지마할이 있고 강을 끼고 아스라이 타지마할의 옆모습이 보이는 곳에 아그라포트[12]가 있다. 이 성안에는 죽은 왕비를 사모하여 타지마할을 건축한 비련의 황제 샤자한(Shah Jahan)이 국력을 탕진한 죄로 왕자의 손에 유폐되어 타지마할을 바라보면서 죽어간 금박 지붕의 침실이 있다. 아그라포트는 그에 깃든 슬픈 사연에는 아랑곳없이 공간이 매우 아름다우며 힌두와 이슬람 문명이 혼합된 무굴(Mughul) 건축의 정수를 보여 준다. 무굴이란 말 자체가 몽골에서 유래된 것으로 무굴 제국의 문화는 몽골과 터키와 페르시아 그리고 힌두의 혼합 문화였다. 그 문화적 다원성 때문인지 무굴 건축은 닫히고 열리며 흐르는 오묘함과 재미가 방대한 스케일로 전개된다. 아그라포트는 스케일이 좀 큰 춤이다.

[12] 붉은 사암으로 만든 2.5킬로미터의 성벽으로 둘러싸인 요새에는 아름다운 궁전들이 많다. 아들 아우랑제브(Aurangzeb)의 손에 유폐된 황제 샤자한은 타지마할이 보이는 아그라 요새의 무삼만 버즈(Musamman Burj) 탑에서 8년 동안 갇혀 지내다 숨을 거두었다.

타지마할. 이슬람 건축의 최고 걸작이다. 무굴 제국의 수도였던 아그라 남쪽의 자무나(Jamuna) 강가에 위치한 궁전 형식의 묘지로, 무굴 제국의 황제였던 샤자한(Shah Jahan)이 왕비 뭄타즈 마할(Mumtaz Mahal)을 추모하여 건축했다. '찬란한 무덤'으로 불리는 건축물은 최고급 자재와 보석들로 장식되었는데, 공사만 22년을 했다고 전해진다.

이와 달리 프랑스 파리 베르사유 궁전은 춤추는 왕족과 귀족이 끊이지 않았건만, 그 건축은 춤이 아니고 사열식을 하는 근위병처럼 뻣뻣하기만 하다. 세포처럼 닫힌 공간을 구슬 꿰듯 꿰어 놓은 것에 불과하다. 서양 집은 원래 그런 것이다. 그런 서양 집에 공간의 흐름을 도입한 것은 아메리카 대륙의 건축가 프랭크 로이드 라이트였다. 그에게는 대륙의 건축가라는 수식어가 어울릴 정도로 에머슨[13]이나 휘트먼[14]에서 찾아볼 수 있는 다소 신비적인 대륙 정신이 엿보인다. 또한 그는 가장 동양적인 정신에 근접한 미국인이었지만 서구 현대 건축의 선구자가 되었다. 그의 몸속에는 아메리카 인디언 추장의 피가 흐르는 것처럼 인디언의 정신까지 건축에 담아냈다. 로비하우스, 탈리에신, 낙수장(Fallingwater) 등을 비롯하여 그가 만든 400개가 넘는 집들의 평면도는 마치 악보와 같다. 그로 인해 근위병의 사열식 같았던 서양 건축의 내부에 리듬이 생겨났다. 그는 저서의 첫머리를 이렇게 시작했다.

"대지는 가장 단순한 형태의 건축이다."

[13] 랄프 왈도 에머슨(Ralph Waldo Emerson, 1803~1882)은 미국의 사상가이자 시인이다. 미국 초월주의 철학 사조를 발전시켰으며, 미국 문학 발전에 지대한 영향을 준 인물로 평가받는다.

[14] 월트 휘트먼(Walt Whitman, 1819~1892)은 19세기 미국의 시인으로, 가장 혁신적이고 영향력이 큰 시인으로 꼽힌다. 여러 신문사에서 기자와 편집인으로 일하며 신문에 소설과 시를 발표했다. 영화 「죽은 시인의 사회」로 널리 알려진 '아, 나란 존재는! 아, 인생이란!'과 '오 선장님! 나의 선장님' 등이 그의 작품이다.

## 🏠 낙수장 Fallingwater / House for Edgar J. Kaufmann

낙수장은 미국 펜실베이니아 서부 베어런(Bear Run)의 계곡에 지어진 주택이다. 설계를 의뢰한 에드가 J. 카우프만은 피츠버그에서 백화점을 경영하는 부유한 사업가였는데, 그의 하나밖에 없는 아들이 프랭크 로이드 라이트의 건축 연구소에서 일을 시작하면서 인연을 맺게 된다. 카우프만 부부는 베어런에 있던 간소한 별장을 개축하기로 하고, 라이트에게 건축을 의뢰한다.

대지를 답사하러 간 라이트는 계곡과 그 주변을 상세하게 살피고 실측한 후, 지형과 절묘한 조화를 이루는 건축을 계획한다. 자연을 단순히 조망의 대상으로만 생각지 않고 건축과 적극적으로 연계시켰으며, 현지에서 생산된 돌을 건축 재료로 이용함으로써 장소성을 극대화했다.

그야말로 계곡 속에 자리한 이 주택은 건축과 자연이 얼마나 잘 어우러질 수 있는지 건축조형으로 보여 준다. 낙수장의 주요한 건축 언어인 수평선과 수직선은 원래 자연이 가지고 있던 질서에 과하지도 부족하지도 않게 조직되어 풍경을 더욱 드라마틱하게 만들고 있다.

주택 내부에서는 계곡에 원래 있던 바위를 활용하여 만든 거실의 벽난로가 눈길을 끈다. 벽난로의 바닥이자, 공간 구성의 기준이 된 바위는 답사 초기부터 라이트가 주목한 것이다. 바위와 맞물려 구축된 석벽은 각 층 벽난로의 굴뚝과 전기, 가스, 급배수관 등 각종 설비 시설의 중심이 되며, 구조적으로도 중요한 역할을 한다.

본채는 1937년 완공되었다. 2년 후 본채 뒤쪽으로 원래 별장이 있던 자리에 게스트 하우스가 준공되었다. 자연을 최대한으로 활용하면서 조화롭게 들어앉은 낙수장은, 프랭크 로이드 라이트가 추구한 '유기적 건축(Organic Architecture)'을 구현한 걸작으로 평가받는다.

# 집은 이렇게 시작되었다

<u>최초의 집은 어떻게 만들어졌을까?</u>　　집이 처음 만들어진 것은 언제였을까, 어떤 모양으로 만들어졌을까?

이것은 아마도 집에 관한 가장 재미있는 질문이 될 것이다. 우리가 알고 있는 최초의 집이라면 동굴이나 움집, 혹은 나무 위에 얽어 놓은 원두막 같은 것이겠지만, 이 생각은 옳지 않다. 여기서 '우리'라는 표현에도 의문을 가질 필요가 있다.

우리란 누구인가? 인류를 말하는 것인가? 그렇다면 인류란 무엇인가? 인류는 지구 위의 가장 진화된 생명체를 가리키는 것인가? 조상 섬기기를 대단히 좋아하는 이 인류의 조상은 누구란 말인가? 인류는 포유동물의 영장이고, 포유동물을 거슬러 올라가면 조류, 파충류, 물고기에까지 이른다.

인류의 조상이라고 할 수 있는 생물들이 짓고 살고 있는 재미있는 집의 형태는 지금도 많이 남아 있다. 이런 집을 집이 아니라고 말하는 것은 인류의 편견이다. 그것이 매우 보잘것없기 때문에 구태여 따져볼 필요까지는 없지 않겠느냐고 하는 것은 더욱 확실한 편견이다. 오히려 명료한 집의 개념을 이런 생물들의 집에서 발견할 수 있기 때문이다.

타일피시는 조약돌과 모래로 집을 짓는다. 이 물고기는 집을 지을 뿐만 아니라 대문까지 만들어서 입구를 막아 놓는다. 이들은 또 화산 모양의 커다란 성채를 쌓기도 하는데, 이러한 조형은 살기 위한 주거가 아니라 단순히 암놈의 관심을 끌기 위한 다분히 미학적인 목적을 가진다. 동물의 건축에서도 희미하게나마 문화 의식 같은 것을 찾아볼 수 있는 대목이다. 물속에 사는 날도래의 유충은 물에 씻겨 내려가지 않기 위하여 작은 조약돌로 갑옷을 만들어 입기도 하고, 정교한 거미줄의 입체 트러스[15]로 깔때기와 같은 집을 짓는데 여기에는 놀랍게도 석재까지 사용한다. 그것은 마치 서스펜션 구조[16]와 호박돌을 병용한 하이테크 별장 같아 보인다. 이런 날도래가 지구에 살기 시작한 지는 1억 3천5백만 년이나 된다고 하니 인류 이전의 건축 문화로서는 대상감이 아닌가?

개미나 벌의 집에 대한 얘기는 너무 흔한 것이어서 오히려 흥미로운 편이 못 된다. 그러나 일반적인 개미의 집이 지하 건축물인 데 반해, 흰개미의 집은 지상 건축물이란 점에서 인류 이전의 건축 역사 중 가장 인상적이라 하겠다. 오스트레일리아와 아프리카 숲 속에 있는 어떤 지역의 흰개미 집은 지표의 1/3 이상을 차지하고 있으며, 봉우리를 하나로 길게 늘인 원추형에서부터 금강산 총석정처럼 여러 개의 봉우리가 **빽빽**하게 솟아 있어 밀집된 아파트군과 같은 다양한 형태를 보인다. 높이가 6미터나 되는 흰개미 집을 인간의 스케일로 환산해 보면 자그마치 3.2킬로미터 높이의 초

[15] 직선으로 된 여러 개의 뼈대 재료를 삼각형이나 오각형 등의 모양으로 얽어 짠 구조물이다.

[16] 케이블 등의 인장력이 있는 자재를 사용하여 구조체를 지지부에 매다는 구조 형식을 말한다.

고층 메가스트럭처에 해당된다.

오스트레일리아의 극락조[17]는 매일같이 향기로운 꽃과 이끼로 자신의 집을 장식한다. 그중 고딕식 내부 공간을 가진 점박이풍조의 집 테라스에는 유리 조각과 뼈 부스러기 등이 깔려 있다. 그들의 집 모양은 자신의 깃털을 대신하여 성적 욕구를 표현하고 있다.

새들은 개미와 달라서 대개 단독 주택을 꾸미고 살지만 경우에 따라서는 아파트를 만들어 살기도 한다. 건축 재료도 다양해서 나뭇가지는 기본이고 깃털과 진흙 등으로 내부 마감까지 하고 사는 새들도 있다. 아프리카 철새인 황새가 번식처인 독일 베르겐 후센에 짓는 집은 단순하지만 대단히 인상적이다. 황새는 교회의 첨탑이나 전신주처럼 곧은 장대 위에 집짓기를 좋아한다. 직경이 4미터는 됨직한 커다란 둥우리가 뾰족한 장대 위에 구축된 모습은 남산 타워나 CN 타워 못지않게 경이롭다.

진정 놀라운 집은 생명 그 자체의 집이다. 생명은 태어날 때부터 이미 집이라고 할 만한 것을 지니고 태어난다. 동물의 세계에는 이러한 생각이 단지 은유가 아님을 증명하는 듯한 재미있는 집도 있다.

캥거루나 주머니쥐 같은 유대류[18]의 갓난 새끼는 애벌레만큼 작다. 이 작은 새끼는 태어나자마자 본능적으로 미리 마련된 휴대용 트레일러 하우스 같은 주머니집으로 기어 올라간다. 여기서 먹고 잠자며 성장한다. 자라면서 밖으로 나와 나뭇잎을 따먹다가도 다시 주머니 속으로 들어가 휴식을 취한다. 이것이 집이 아니고 무엇이랴! 오스트레일리아에는 이 동물들 말고도 대단히 기발하고 안

---

17 풍조(風鳥)라고도 하며, 종에 따라 크기와 모양, 빛깔이 다양하다. 깃이 매우 화려해 세상에서 가장 아름다운 새로 알려져 있다. 특이한 구애행동을 하는 것으로도 유명한데, 수컷이 나뭇가지 잎을 몽땅 뜯어 버리거나 낙엽 따위를 치워서 무대를 만든 뒤 여러 가지 동작으로 춤을 추면, 암컷이 무대에 차례차례 들러 마음에 드는 상대를 고른다.

18 포유류의 원시적인 한 무리로, 암컷의 아랫배에 새끼주머니가 있어 발육이 불완전한 채 태어난 새끼를 그 속에 넣어 기른다.

높이가 6미터나 되는 흰개미 집들. 이 집들은 인간의 스케일로 환산하면 3.2킬로미터나 되는 초고층 건물들로서 이들이 이루고 있는 군락은 가히 흰개미의 메트로폴리스(거대 도시)라 할 만하다.

왼쪽 / 점박이풍조는 자신의 깃털 모양을 상징하는 집을 지어서 암컷을 유혹한다. 이는 아름다운 깃털을 길러 암컷을 유혹하는 수컷의 본성이 건축에 드러나는 경우이다. 풍조는 집의 앞마당을 유리 조각이나 뼈 부스러기 등으로 장식한다.

오른쪽 / 높은 장대 위에 지은 황새의 집. 구조주의적 작품이다.

전한 집을 날 때부터 가지고 태어나는 종도 있다. 최근에 발견된 어떤 개구리의 올챙이들은 어미의 뱃속에서 자란다. 이들은 어미의 밥통을 자기 집 연못 삼아 노닐며 자라는 것이다. 그렇다면 올챙이들이 위액에 의해 소화되지 않는 이유는 무엇일까? 여기서 밥통 자체가 소화액에 의해 분해되지 않고 남아 있을 수 있는 위장의 신비가 밝혀진다. 위 점액이 위 자체를 소화액으로부터 보호하는 것이다. 올챙이가 어미 개구리의 위 속에서 소화되지 않고 살아갈 수 있는 것도 바로 이러한 점액의 작용이다.

나는 결코 호사가의 취미로 동물의 주거를 열거하는 것은 아니다. 집의 본질을 찾는 마음으로 탐색한다. 똘똘 뭉쳐서 우리 것만이 전부라고 외쳐대는 그런 소인류적인 어리석음에서 벗어나지 않고서는 기쁨과 놀라움이 가득 찬 실존의 세계에 도달할 수 없다.

<u>집은 우주에서 시작되었다.</u> 안데스 산맥의 고원 지대는 맑고 건조하여 많은 천문대가 늘어서 있다. 이 적막한 곳에서 매일 밤하늘의 별만 쳐다보며 세월을 보내는 천문학자들의 모습은 히말라야 동굴에서 수도하는 성자들의 모습처럼 존경스러워 보인다. 그들은 존재의 근원을 탐색한다는 점에서 공통점을 가지고 있다. 이 가운데 젊은 천문학자 한 사람이 안데스의 남빛 하늘을 배경으로 인터뷰를 하는 다큐멘터리가 매우 인상적이었다.

그는 말한다.

"저는 라세레나(La Serena)에 있는 어떤 천문학 연구소 옆을 지나다가 이런 인용구가 들어 있는 글귀를 보았습니다. '수소, 무색무취의 기체, 충분한 시간만 주어진다면 사람으로 변함……' 이것이 과학이 발견한 결과입니다. 인간도 우주의 한 조각인 것입니다."

이 과학자의 증언은 인간이 소우주라고 말하는 명상가의 견해와 기묘하게 일치한다. 천문학자들은 확고하고 여유 있는 표정으로 별이야말로 인간의 진정한 조상이라고 말한다. 더 거슬러 올라가면 수소가 인간의 조상이다. 수소만이 존재하였던 천지창조 초기로 되돌아가보면 이 단순한 인류 조상의 집은 우주였던 것이다. 집은 우주에서 시작되었다.

태초에 하나의 씨앗이 있었다. 이 씨앗의 이름을 코스믹 에그(Cosmic Egg)라 불렀다. 이 씨앗이 약 150억 년 전에 폭발하고 팽창하여 별들의 진화가 시작되었다. 그 진화의 끄트머리에 있는 것이 인간이며 그 인간 진화의 정점에 있는 것이 인간의 뇌(腦)다. 그렇다면 뇌를 차지하고 있는 신경세포는 수소 이래 가장 진화된 물질인 셈이요, 거기에 깃드는 의식은 진화 최종의 산물인 셈이다.

그래서 결국 집은 의식을 담는 어떤 것이 된다. 이 신경세포의 숫자는 수천억 개에 달하는데 이는 은하계 별들의 숫자와 맞먹는다. 과학자들은 뇌가 바로 소우주라고 말한다. 이 소우주를 차지하는 주체가 의식이니만큼 이 축소판을 진화시킨 대우주에도 대의식(大意識)이 존재한다고 보는 것이 합리적이다. 그렇지 않다면 어떻게 하여 원본에 없는 것이 축소판에 나타날 수 있겠는가?

별들의 진화에서부터 유기물의 진화에 이르기까지 자연의 생태계는 몇몇 특정한 법칙에 의해 구성된다. 그 법칙 가운데 하나가 동형화(同形化)의 법칙이다. 예를 들면 양치류 잎의 모양과 한겨울 유리창에 끼는 성에의 모양은 비슷하다. 나뭇가지의 분맥은 이상하게도 인체의 동맥 구조와 닮아 있다. 연채류 잎의 소용돌이 모양은 조개껍질과 같으며 양치류 잎의 뾰족한 모양은 그 잎의 열편에서도 전체의 모양이 반복된다. 해변의 삐죽삐죽한 모양은 1,000킬로미터에서 보든 10킬로미터에서 보든 100미터에서 보든 같은 형태를 나타낸다.

이러한 동형물(同形物)의 부분은 전체의 모양을 나타낸다. 아주 미세한 구름의 단면은 구름 전체의 모습과 똑같다. 동형화에서 시간은 주기적으로 작용한다. 태양계는 은하계를 돌고 있고 지구는 태양계를 돌며 달은 지구를 따라 돈다. 태풍의 모양은 은하계의 모양과 너무도 닮아 있다. 이들은 연쇄적으로 유사한 형상적 이미지를 가지고 있다. 또 이러한 거시적 운행은 미시적 세계인 원자 내부에서도 반복된다. 지구는 우주의 축소판이며 인체는 지구의 축소판이다. 지구의 표면을 차지하는 물의 비율은 인체를 차지하는 수분의 비율과 같다. 별의 주기는 생물학적 주기에서 반복된다.

정자와 난자의 수정으로 시작되는 인간의 역사는 생명체 전체 진화의 역사적 축소판이다. 정충의 모양은 편모 모터로 꼬리를 흔들며 움직이는 박테리아와 너무도 유사하다. 태아가 바다와 같은 어머니의 양수에서 자라는 동안은 물고기의 시대를 반복하는 것이

동형화의 법칙. 나뭇가지의 분맥과 인체의 동맥 구조는 닮아 있다.

동형물의 예.

왼쪽 위 / 해변의 뾰죽뾰 죽한 모양은 1만 킬로미터에서 보든 10킬로미터에서 보든 100미터에서 보든 같은 형태를 나타낸다.

왼쪽 아래 / 양치류의 잎의 뾰족한 모양은 그 잎의 열편에서도 전체의 모양이 반복되고 있다.

오른쪽 / 올빼미의 얼굴(위)과 나비(아래).

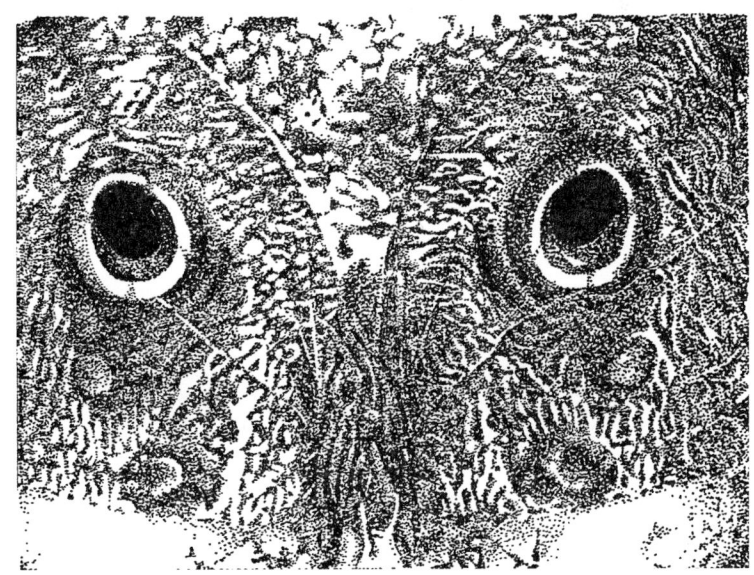

고, 어머니의 배에서 나와 탄생함은 곧 육지로 기어 나오는 파충류로의 진화 단계를 반복하는 것이며, 기어 다니는 유사 시절은 포유류의 단계이고, 마침내 젖을 떼고 제 발로 일어서는 것은 직립 인간으로의 진화를 반복하는 것이다. 그렇게 하여 기나긴 학습과 교육의 과정을 거쳐 현대 인류의 단계까지 발전한다는 것인데, 이러한 개념은 석학 토인비[19] 역사학의 골격이다. 그는 이렇게 말했다.

"개체의 역사는 전체의 역사를 반복한다."

회오리바람처럼 소용돌이치고 있는 은하계의 모습에서 가스의 소용돌이로부터 생겨난 태양계의 탄생을 유추하며 그 속에서 우리는 우주적인 것과 생명 현상의 일체감을 느낀다. 우주는 스스로를 진화시키고 조직하는 하나의 거대한 생명 현상으로 파악된다.

또한 우리들의 작은 집도 그러한 자기 조직적인 특성을 가지고 있으며 나름대로의 생명 현상을 드러내는 것이다. 어떤 의미에서 집은 만들어 내는 것이 아니라 스스로 지어지고 있는 것이며, 우리가 만들기 전에 이미 거기 있는 것이다. 그것은 익명의 건축이 역사를 형성하였던 시대의 민가에서 더 잘 나타난다.

## 집의 원형을 탐색하다.

먹을 음식이나 입을 옷이나 살 집에 대한 얘기는 몇몇 전문가들의 영역을 넘어선 만인의 영역이다. 물론 요즘에는 먹기 위해서라기보다는 드러내 보이기 위한 요리 같은 것도 있고, 일상적인 음식이라고 하기 어려운 전문적인 음식도 있다. 또 입기 위한 옷이 아니라 보고 즐기기 위한 미학적인

[19] 아놀드 조셉 토인비(Arnold Joseph Toynbee, 1889~1975)는 영국의 역사가, 문명비평가다. 무려 30여 년에 걸쳐 완성한 대작「역사의 연구」에서 그는 세계 역사상 26개의 문명권이 각각 성장·발전·쇠퇴·해체의 과정을 주기적으로 되풀이한다고 밝히는 한편, 미래의 소유럽 문명이 어떻게 될 것인가를 논증했다.

옷을 연구하는 의상 예술도 있다.

그러한 것들은 확실히 전문가의 전유물이라 할 수 있다. 하지만 의식주의 전문성이 고도로 분화되기 이전의 원형의 모습을 찾아보는 것은 대단히 중요한 의미를 가진다. 그 속에는 가장 순수한 동기와 되풀이되는 새로움의 가능성이 숨어 있으며, 어떠한 천재도 그것을 떠나서는 참된 사랑을 받는 창조를 할 수 없기 때문이다. 창조와 예술이 의미를 가지는 것은 궁극적으로 사람들로부터 사랑받을 수 있을 때이다. 좋은 예술은 처음에는 다소 구박을 받다가도 결국에는 조강지처처럼 사랑을 받게 되는 것이다.

더욱이 원형을 탐색하는 모험은 재밌다. 색깔이 바랜 낡은 일기장 속에서 자신의 잃어버린 모습의 단편을 찾아내는 것과 같다. 원형을 프로토타입(prototype)이라고 하는데, 이것은 고고학적 탐험 이전에 이미 사람들의 잠재의식 속에 내재되어 있다. 집을 짓는 사람은 이 원형을 다시 끄집어내려는 노력과 그 원형의 한계에서 벗어나려는 노력을 동시에 하게 마련이다. 사람은 늘 고향으로 돌아가려는 마음과 고향에서 떠나려는 충동을 동시에 느끼며 산다. 이러한 이중성(duality)이 문화의 운동량(運動量)을 만든다. 그래서 문화가 재미있어지는 것이다.

태초에는 신화가 있었다. 그 신화는 대체로 천지창조와 알에서 태어나는 생명에 대한 얘기다. 그러한 얘기의 내용에는 우주의 씨앗이라든가 빅뱅이라든가 별들의 탄생과 소멸, 윤회에 대한 정보가 담겨 있다. 그런 물리적 정보가 어떻게 인간적 언어로 나타날 수 있냐고? 그런 의문은 다분히 인간 중심의 편협하고 비과학적인 발상이다. 인간 이전에도 이미 정보는 있었고, 정보가 있었다는 것은 정보 저장 능력이 있었다는 것을 의미한다. 인간은 어떻게 보면 별의 잔해가 뭉쳐져 만들어진 특별한 반죽, 즉 별을 구성하던 원소가 엉키기 시작해서 만들어진 좀 별난 형태의 별에 지나지 않는다. 정보의 특성은 그 저장성에 있다. 우주에 저장된 정보는 인간의 두뇌에 어떤 형태로든 저장될 수 있었다고 보는 것이 합리적이다. 인간의 두뇌는 가장 안쪽부터 원시 생물, 어류, 파충류, 포유류 시대의 형성기를 나이테처럼 드러내고 있다고 하며, 그 최종의 외피인 신피질은 인류 시대에 형성된 것으로 인간다운 이성을 관장하는 역할을 맡는다고 한다. 술을 먹으면 이 신피질이 마비되기 때문에 골샌님도 동물적인 만용을 부리고 이성으로부터 해방된 객기를 즐기게 된다. 그것이 지나치면 확실한 퇴행 현상을 드러낸다.

어쨌든 신화가 있었다. 신화 속 시공간의 개념은 인간의 스케일을 훨씬 초월하는 것이 일반적이다. 그런데 한반도에 있었던 단군 신화는 좀 다르다. 단군신화는 동굴 안에서 마늘을 먹으며 100일 동안 수도하는 곰의 스케일로 압축되는데, 이것은 우주적인 정보가 아니라 그에 비해서 훨씬 근대적인 인류사적인 정보, 인류 최초의 주거 형태에 대한 정보를 드러내고 있다.

근대 건축의 선구자이며 독보적인 유기적 건축을 주창한 프랭크 로이드 라이트의 평원의 주택(Prairie House)[20]에는 동굴 공간의 뿌리가 진하게 나타나고 있다. 그의 초기 주택이 다소 어둡다는 평을 받는 것도 동굴의 이미지와 무관하지 않다. 동굴은 모태(母胎)

20 프랭크 로이드 라이트가 1900년부터 1911년까지 미국 중서부에 설계한 주택들을 의미하며, 그의 주택관을 확립하는 계기가 된다. 벽난로를 중심으로 한 십자형 평면이 지배적인데, 여기서 벽난로는 대지의 중심이라는 상징적 역할을 한다. 또한 개방된 평면을 지향하고, 전망을 위해 지하층을 지면으로 올리고 그 위에 상층부를 구성하였으며, 창은 수평띠처럼 돌려 마치 지붕이 떠있는 듯 설계했다.

적 공간의 기원으로서 현대 건축에서도 당당히 제몫을 하고 있다. 조소적인 스투코[21] 마감으로 매력적인 회화적 분위기를 자아내는 남프랑스의 인테리어도 동굴의 이미지와 관계가 있다.

　초기 인류가 꼭 동굴 속에 살았던 것만은 아니다. 원숭이처럼 나무 위에 편평한 곳을 만들고 살았던 사람들도 있었다. 동굴은 대체로 추위에 강하였고, 나무 위는 바람이 잘 통하여 더운 지방에 알맞았다. 나무 위의 집은 원두막이 되었다가 다락집이라는 형태로 발전하여 마침내 경회루 같은 걸작이 된다. 경회루는 정말 걸작이다. 그것은 파르테논 신전이나 타지마할(Taj Mahal)과 더불어 인류 건축사의 3대 걸작이라고 할 만하다. 그 걸작의 기원이 원숭이와 같은 생활로부터 시작된 것이다. 재미있지 않는가? 경회루는 풍류(風流) 문화를 드러내는 건축인데 풍류란 무엇인가? '풍류란 바람을 타는 것'이다. 원숭이가 이 나무, 저 나무 사이를 날아다니며 바람을 타는 것과 일맥상통하지 않는가?

　풍류가 목적은 아니었다 해도 경회루와 같은 다락집이 근대 건축의 신기원으로 나타난 것이 있다. 프랑스의 건축가 르코르뷔지에가 설계한 사보아 주택이다. 그 집은 필로티(piloti)[22] 건축의 시작으로서 근대 건축의 효시로 평가되며 근대 건축 이론을 개발하는 데 결정적인 뼈대를 제공하였다.

　시작 속에는 대단히 단순한 명료함이 있다. 그래서 시작 속에는 대단히 현대적인 아름다움마저 있다. 세련된 단순성은 도풍(道風)을 만들어 낸다. 그래서 시작 속에는 때로 철학적인 멋이 있다.

　나무 위의 집은 언덕 위의 집만큼 시적(詩的)이지는 않지만 대

---

21 건축물의 벽면이나 천장 등에 바르는 미장 재료로, 소석회를 주재료로 하며 대리석 가루나 점토분 등을 섞어 만든다. 고대부터 건축물의 마무리 작업에 널리 사용했으며, 부조를 새기거나 채색을 하는 등 다양하게 연출할 수 있다.

22 건축물의 1층은 기둥으로만 구성하고, 2층 이상에 실내 공간을 만드는 방식이다. 개방된 1층은 주차장이나 휴식 공간으로 사용하며, 벌레와 습기, 열기 등을 막는 효과가 있다.

파르테논 신전. 아테나 여신을 모셨던 그리스 신전으로 인류 최고의 걸작으로 꼽힌다. 그리스 아테네의 아크로폴리스(Acropolis) 언덕에 있으며, 기원전 5세기경에 건축되었다. 대리석으로 지어진 신전의 기둥은 총 46개이며, 착시 현상을 고려하여 기둥의 중간 부분을 약간 불룩하도록 깎는 엔타시스(entasis) 양식이 적용되었다. 또한 시각적 안정감을 위해 기둥들은 안쪽으로 조금씩 기울어져 있고 간격도 세심하게 조정되었다.

경회루. 다락집의 전형으로 극동 최고의 걸작으로 꼽힐 만하다. 조선 시대 궁중 연회와 사신 접대가 이루어진 누각으로, 유가의 세계관을 건축 형식에 담고 있다. 정면 7칸, 측면 5칸으로 지어진 건축물에는 48개의 기둥이 있는데, 안쪽과 바깥쪽으로 각각 24개씩 배치되어 있다. 바깥쪽 기둥은 24절기를 상징하며, 안쪽 기둥들로 구성된 12칸은 1년 12달을 의미한다. 가장 안쪽의 세 칸은 하늘·사람·땅(天·地·人), 삼재(三才)를 나타낸다.

단히 시적인 건축을 낳은 모체가 되었다. 그런데 나무속의 집은 어떤가?『이상한 나라의 앨리스』같은 얘기라고? 그런데 실제로 나무속을 파서 집을 만들어 살던 사람들이 있다. 나무속의 집이다. 어린 왕자를 본 적이 있을 것이다. 물론 나이 어린 왕족을 요즈음 직접 만난다는 것은 드문 일이니까 새겨들을 줄 안다. 생텍쥐페리의『어린 왕자』말이다. 어린 왕자가 그렸던 바오밥나무를 기억하는지? 남태평양 어디에는 빵나무라는 것이 있다고 들었기 때문에 나도 처음에는 바오밥나무가 밥알이 열리는 나무인 줄 알았다. 그런데 어린 왕자가 바오밥나무를 그린 것은 그것이 쌀나무였기 때문이 아니라 세상에서 제일 큰 나무라고 생각했기 때문이다. 바오밥나무는 영어로 'Baobab Tree'이고 학명은 Adansonia digitata 라고 하는데, 나무가 얼마나 큰지 직경이 9미터나 되는 것도 있다고 한다. 목질이 부드러워 그 속을 파고 사람이 들어가 살 수 있다.

　어린 시절의 집은 항상 위대하였다. 모든 것은 언제나 크고 풍요로워 보였다. 어린 시절, 사랑하는 집의 품 안에서 우리는 누구나 왕자였다. 인류의 어린 시절에도 이 점은 마찬가지였다.
　그 시절의 기억이 깊이 잠재한 보편적인 집의 모습은 동굴이나 움집과 같은 것이다. 그것은 어머니의 자궁과 모태(母胎)를 닮은 것으로 편안함과 따스함과 안전함이 있었다. 그 집의 가운데는 불이 있었고, 그 옆에는 불을 지키는 주부가 있었다. 주부의 가장 중요한 임무가 불을 지키는 일이었으며, 불씨를 지키는 일은 성스러운 일로 여겨질 정도였다. 집은 '불씨를 지키는 곳'으로 그들은 알

바오밥나무. 직경이 무려 9미터나 되는 것도 있다고 하며, 목질이 부드러워 속을 파고 사람이 들어가 사는 집이 되기도 한다.

았다. 불은 곧 집이었고 행복이었다. 그것은 곧 문명이기도 했다.

가장 원초적인 집의 내부 공간은 불을 중심으로 원을 그린다. 불이 있는 공간의 천장 어딘가에는 하늘을 향하여 구멍이 뚫려 있었다. 이런 형태는 상당히 오랫동안 전해 내려온 단순하고 일반적인 것으로, 로마의 판테온[23] 신전을 만든 원형이며 지금은 중앙아시아의 유르트(Yurt)[24]와 아프리카의 조립식 이동 주거에 그 모습이 남아 있다. 굴뚝이 생긴 것은 훨씬 뒤의 일이며 굴뚝이 있는 구조는 상당히 발달한 유형에 속한다.

우리가 지각하는 우주, 은하계와 태양계 그리고 지구는 선회하는 모습을 가지고 있다. 별은 애당초 소용돌이치는 가스 구름에서 탄생한 것이다. 오랫동안 인류는 동그라미를 그리면서 집을 만들었다. 지금도 아프리카 토착민들은 원형의 대형(隊形)을 이루고 밤을 준비하는 서부의 포장마차처럼 터널형의 집들을 품은 거대한 원형의 마을을 이루고 산다.

원이라는 도형은 직선보다 어려운 기하학이며, 원형의 구조는 더 난해한 구조 공학을 요구한다. 그런데 인류의 가장 원초적인 건축 형태가 어려운 공학적 산물로 이루어진 것은 무엇 때문일까? 그것은 원형 구조가 공학의 산물이 아니고 심정의 산물이었다는 점을 웅변하는 것이다. 동그라미는 은하계를 닮은 것이며 별을 닮은 것이다. 동그라미는 어린 왕자의 평면도이다. 인류의 어린 시절, 우리는 모두 어린 왕자였다는 이야기다.

[23] 판테온(Pantheon)은 그리스어로 '모든 신들에게 바쳐진 신전'이라는 뜻으로, 7개 행성의 신들을 경배하기 위한 건축물로 지어졌다. 건축의 기본 구조를 이루고 있는 완벽한 모양의 반구는 우주를 상징하며, 그 정상에 뚫린 직경 8미터 가량의 '눈(oculus)'은 행성의 중심인 태양을 상징한다.

[24] 중앙아시아 유목민들의 이동식 전통 가옥을 말하며, 파키스탄, 몽골 등에서는 게르(Ger)로 불린다. 나무로 원통형의 벽과 원뿔 모양의 지붕을 만든 후 양털로 만든 펠트를 덮어씌운다.

도토리 모양의 동그란 집들이 포도송이처럼 하나의 울타리로 엮어진 아프리카 주택.

포장마차를 연상시키는 인디언의 집들.

# 🏠 사보아 주택 Villa Savoye

1931년 완공된 사보아 주택은 프랑스 파리 근교의 포아시(Poissy)에 위치한다. 사보아 부부와 그 아들을 위한 주말 주택이며 르코르뷔지에가 설계했다. 이 주택은 코르뷔지에가 확립한 건축 이론이 제대로 구현된 작업으로 건축사에서 중요한 위치를 차지한다.

르코르뷔지에가 1914년 제안한 '돔이노(Dom-ino)' 시스템은 근대 건축의 근간이 되는 이론이다. 집을 뜻하는 라틴어 '도무스(domus)'와 혁신을 뜻하는 영어 '이노베이션(innovation)'의 합성어인 '돔이노'는 최소한의 기둥으로 상부의 슬래브(slab)를 지지하고 한쪽에는 계단을 두어 이동을 가능하게 하는 개방적 구조를 가리킨다. 지금은 보편화된 철근 콘크리트 구조의 구축적 잠재력을 가장 잘 드러낸 체계로, 벽돌과 돌을 쌓아 건축했던 당시에는 그야말로 획기적인 발상이었다.

이후 코르뷔지에는 돔이노 시스템을 토대로 작업을 진행하며 이론을 발전시킨다. 그렇게 완성된 것이 1927년 발표한 '새로운 건축의 5원칙'이다. 5원칙은 필로티, 옥상정원, 자유로운 평면, 자유로운 입면, 수평창이며, 이를 가장 충실하게 반영한 건축이 사보아 주택이다.

주택은 3층으로 구성된다. 필로티로 대부분 비워진 1층은 자동차가 돌아 나갈 수 있도록 반원의 곡면으로 이루어져 있고, 주거 공간은 2층에 마련되어 있으며, 3층은 옥상정원으로 계획되었다. 주택 한가운데 자리한 경사로는 1층부터 3층까지 다양한 내, 외부 공간을 조망하며 이동할 수 있는 장치로, 코르뷔지에의 '건축적 산책(promenade architecturale)'을 경험할 수 있다.

르코르뷔지에는 주말 주택이라는 프로그램의 특성을 살려 일상적으로 기능하는 주택에서는 적용하기 어려운 다양한 건축적 실험을 시도함으로써 근대 건축의 명작을 탄생시켰다.

# 집 짓기를 궁리하다

<u>추위와 더위, 바람에 대해 궁리하다.</u>   민가를 만들었던 소박한 사람들의 지혜는 종종 우리를 경탄케 한다. 그 속에는 우리에게 여전히 유효한 참고서 몇 쪽이 있다.

가장 추운 지방인 북극의 에스키모들은 겨울철의 극심한 바람을 피하기 위해 높은 벼랑이나 해변의 찬바람이 빈틈을 만드는 곳에 얼음집 단지를 만들었다. 바람을 효과적으로 차단할 목적으로 하나의 단지에는 하나의 주출입구만 사용되며, 출입구는 반지하에 있고 각각의 이글루는 내부 통로에 의해 연결된다. 통로의 단면은 굴곡진 모양으로 찬바람의 유입을 조절하는 전이공간이 된다.

이글루의 바닥은 단계적으로 높아져서 더운 열이 사람의 취침공간에 머물 수 있도록 고려되었다. 천장에는 짐승의 가죽으로 주름 커튼 모양의 반자[25]를 만들어 공기 보온층을 형성한다. 이글루의 중앙에 놓인 물개 기름 램프는 반구형 공간의 점광원(点光源)이 되어서 그 열과 빛을 완벽하게 활용하도록 한다. 남쪽으로 면한 벽체의 하단부는 지하로 약간 파여 있는데, 이는 하얀 눈에 반사된

25 주로 지붕 밑이나 위층 바닥의 아랫면에 평평하게 만든 천장을 가리킨다.

햇볕을 실내로 들어오게 하려는 묘안이다. 찬 공기는 바닥으로 가라앉고 더운 공기는 위로 상승하는 원리를 잘 알았던 에스키모들은 움푹 파인 이 부분에 물개 기름 램프를 켜 두어 찬 공기의 유입은 막으면서 환기를 시킬 수 있었다. 마치 방열기를 창가에 배치하는 설비 원리와 같은 것이다.

등잔을 난방에 이용하는 방법은 우리나라 강원도 산간 지방에도 있었다. 방구석에 있었던 이 미니 벽난로는 관솔불[26]을 지피던 곳이었는데, 바닥에서 약간 높이 올라가 있어서 등잔의 역할을 겸했다. 이것을 코끝이라 불렀다.

차가운 북풍을 피하기 위해 북쪽 벽이 반 이상 지하에 묻혀 있는 경우는 프로방스나 스위스 지방 등에서도 자주 발견된다. 멕시코와 캐나다, 아일랜드에도 강풍을 피하여 입구가 지하에 반쯤 가라앉아 있는 집들이 있다. 편서풍이 부는 노르망디 농가의 초가지붕은 배 모양을 거꾸로 뒤집어쓴 형국인데, 뱃머리는 서쪽을 향하고 있고 후미는 동쪽으로 차양을 내밀고 있어 출입구를 바람과 비로부터 보호한다.

겨울에는 차가운 바람을 막고 여름에는 뜨거운 태양으로부터 보호하며 적당한 채광을 효과적으로 받아들이기 위한 반혈거(半穴居) 주택의 예는 의외로 많다. 이들 주거의 일부는 절벽 속에 삽입되고 일부는 노출되어 있다. 스페인의 세테닐(Setenil)[27]과 구아딕스(Guadix)[28], 프랑스의 투렌(Touraine), 이탈리아의 마사프라(Massafra), 미국 콜로라도 메사 베르데(Mesa Verde)[29]의 주거들

26 송진이 많이 엉긴 소나무의 가지나 옹이에 붙인 불을 말한다.

27 스페인 남부 안달루시아 지방의 소도시로, 정식 이름은 세테닐 데 라스 보데가스(Setenil de las Bodegas)다. 절벽의 바윗면을 지붕 삼아 지은 집들로 이뤄진 마을 풍경이 유명한데, 한여름의 더위를 피하기 위해 시원한 암벽 속에 동굴집을 짓기 시작한 것이 그 시초라고 한다.

28 15세기경 집시들이 바위산에 만든 동굴집들이 지금도 남아 있다.

29 인디언의 주거 유적지. 절벽 궁전(cliff palace)이 있는 미국 최초의 국립공원이자 세계문화유산이다.

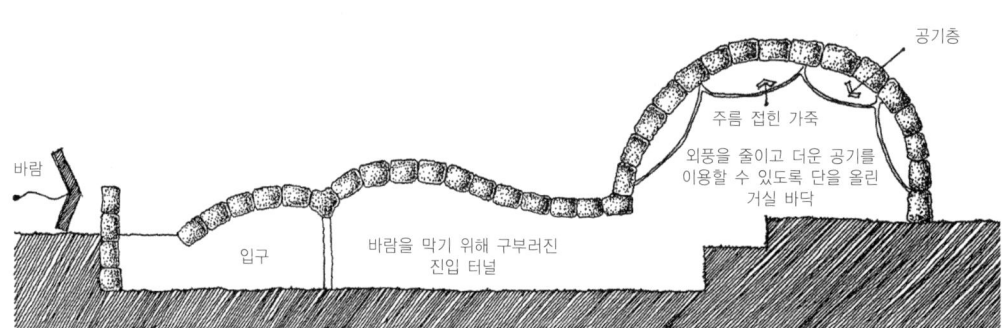

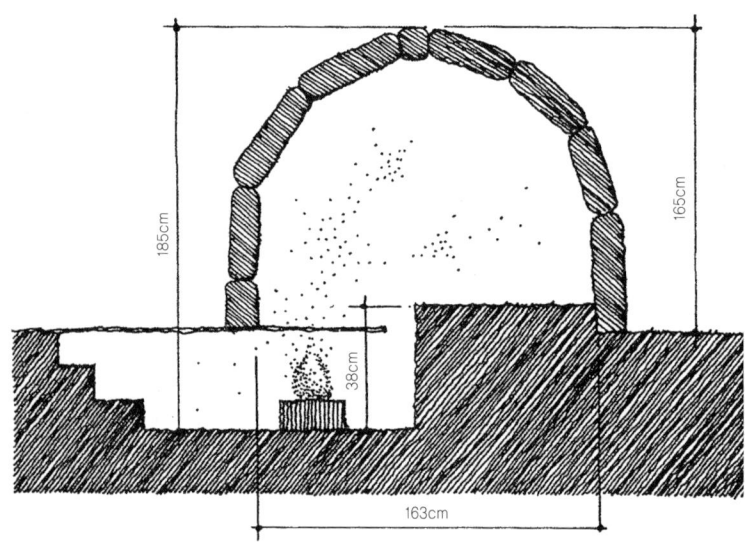

위 / 이글루의 단면. 천장에는 가죽이 붙어 있어서 보온층을 만든다.

왼쪽 / 이글루의 표준 단면. 낮에는 구덩이에 반사된 햇볕이 실내 온도를 높이도록 고안되었으며, 더운 공기는 위로 찬 공기는 밑으로 내려가는 원리를 잘 이용하고 있다.

이 그것이다. 이 중에는 여느 집들 못지않은 정교한 입면과 굴뚝까지 갖춘 것들도 있다. 북아이슬란드의 농가나 뉴욕 웨스트 채지에 있는 로스 앤드(Los End) 주택은 한쪽 입면만 노출되고 나머지는 흙에 파묻혀 있다. 설계경기 당선작인 호주 캔버라의 국회의사당도 이러한 아이디어를 채용한다. 자연 에너지 연구가들은 이러한 집을 복토(覆土) 주택이라 부른다. 프랭크 로이드 라이트도 이런 복토 주택에 열중한 적이 있다.

집을 서늘하게 하는 것이 목적이건 따스하게 하는 것이 목적이건 가장 기발하면서도 일견 엉뚱해 보이는 해결책은 선큰가든[30]형 지하 주거일 것이다. 중국의 뤄양(洛陽)과 후난성(湖南省), 산시성(山西省), 산시성(陝西省), 간쑤성(甘肅省) 등에는 천만 명의 사람들이 각기 테니스장만한 선큰가든을 에워싼 지하 주거에서 살고 있다. 이곳의 흙은 바람에 실려 와서 쌓인 미세한 흙이기 때문에 부드럽고 다공질(45%)로 되어 있어 쉽사리 절개할 수가 있으며 배수가 잘 되고 건조 지대여서 물에 빠진 생쥐처럼 익사할 염려가 없기 때문에 이러한 선큰가든 하우스가 가능했다.

선큰가든 하우스는 깨끗하고 해충이 없다고 하며 겨울에는 따뜻하고 여름에는 시원하다. 그리고 주택만이 아니라 공장, 학교, 호텔과 정부 기관 등도 지하에 건설되어 있다고 한다. 사하라의 마트마타(Matmata) 주거도 이런 유형이다.

---

30 선큰가든(sunken garden)은 지하에 형성된 정원 등의 공공 공간을 말한다.

위 / 노르망디 농가의 초가지붕. 배를 거꾸로 엎은 모양이다.

왼쪽 / 프랑스 투렌에 있는 동굴의 집. 미학적으로 정교하게 다듬은 입면이 붙어 있다.

중국의 대규모 지하 촌락. 중국 북부의 황토 지대에 있다. 아래층은 주택이요, 위층은 농토인 셈이다. 선큰가든을 통해 진입하는데, 이러한 지하 주거에 사는 사람들의 숫자가 천만 명이나 된다고 한다.

**환기와 통풍을 궁리하다.** 바람을 채집하는 장치가 요란하게 달린 촌락이 있다. 집의 높이에 따라 높거나 낮게 대각선으로 세운 굴뚝에다 마름모꼴 모양의 판을 붙여 집 안으로 바람을 끌어들이는 에어컨디셔너 시스템이다. 보통의 굴뚝이 연기를 아래에서부터 위로 뿜는(output) 장치인 데 반해, 이 굴뚝은 맑은 공기(fresh air)를 위에서 밑으로 주입하는(input) 장치라는 점이 다르다. 파키스탄 하이데라바드(Hyderabad) 지방 특유의 이 장치는 '바드기르(badgir)'라고 부르며 전화기 구실도 한다. 대단위 주거 단지에서 집집마다 바드기르를 달고 있는 광경은 요즘의 하이테크 건축을 연상케 한다. 이 장치를 사용한 지는 조선의 역사만큼이나 오래되었다. 바람으로 바람개비를 돌리겠다는 생각은 어린아이도 할 수는 있다. 그런데 바람을 모아서 요긴하게 써먹어 보겠다는 아이디어를 낸 사람은 지구상에서 오직 신드(Sindh) 지방 사람들뿐이었다. '바람을 모은다.' — 무슨 소설책 제목 같지 않은가? 기막힌 아이디어는 시적이기까지 하다.

해인사에서 팔만대장경을 보관하는 서고의 입면(elevation)에는 담백하면서도 리듬감 있는 현대적 아름다움이 있다. 그 입면을 구성하고 있는 소재(design element)는 다름 아닌 통풍창의 모양새다. 이 서고는 그 옛날의 통풍과 환기에 대한 지식이 대단히 체계적이고 합리적인 수준이었음을 실증하고 있다. 첨단의 환기 장치를 갖춘 현대식 공간으로 팔만대장경을 옮겨 보았더니 곰팡이가 슬기 시작하고 문제가 생겨서 다시 이곳으로 가져와 옛날 그대로

파키스탄의 바드기르. 바람 채집 장치로 고안된 것이다.

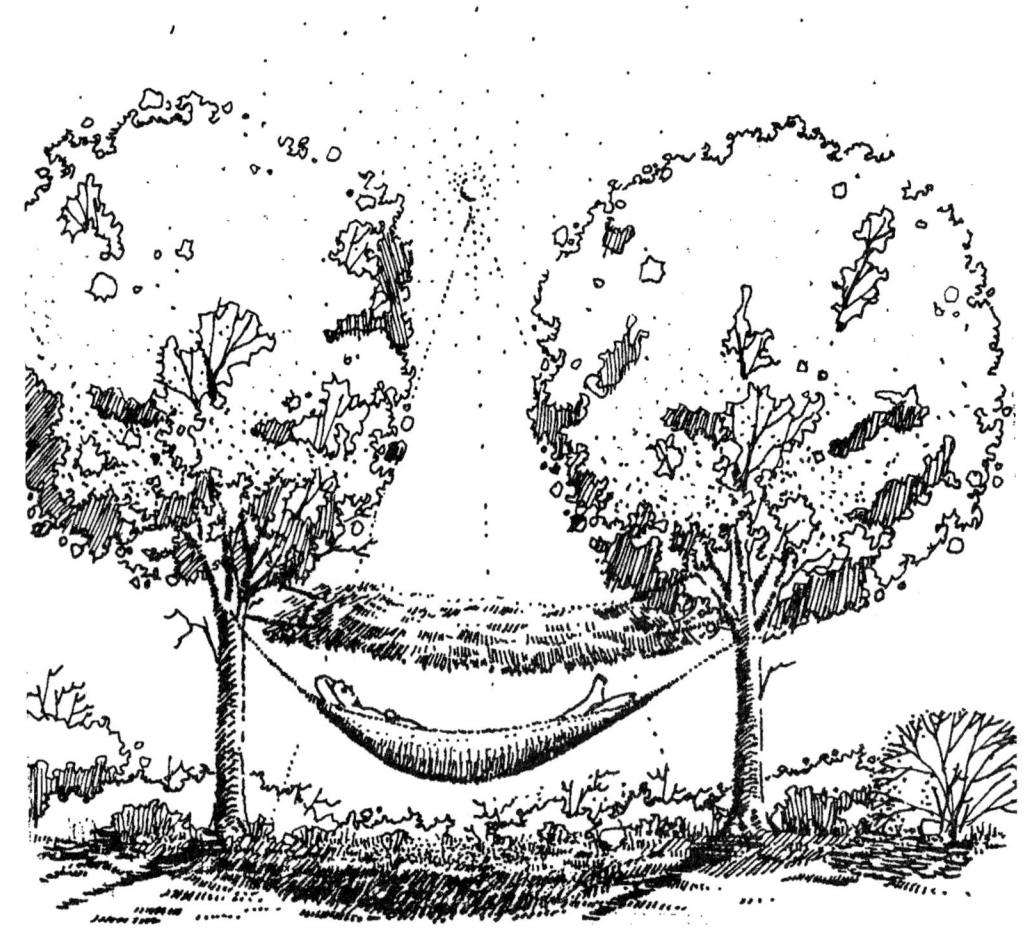

콜롬비아의 미니멀 하우스. 두 개의 큰 기둥 사이에 그물 침대를 매달고 그 위에 풀을 덮은 또 하나의 그물이 걸쳐져 있을 뿐이다. 수납 장소로는 기둥에 매달린 자루와 망태기가 고작이다. 통풍 종기로는 그만이다.

의 방법으로 보관하고 있다는 말이 있다. 하기는 흔히 현대식이니 최신이니 첨단이니 하는 것들이 통상 어느 정도로 엉성한 연습들인지는 전문가라면 다들 알고 있는 일인 만큼 놀랄 것은 없다. 다만 이름 없이 평범하게 죽어간 민초들의 속 깊은 궁리(idea)와 과장 없는 자연스러운 완벽성에 고개가 숙여질 뿐이다. 그들의 지혜는 대지(大地)의 지혜다.

통풍과 보온의 민가적 특제품이라면 짚이나 억새, 공기층과 진흙으로 이루어진 초가지붕의 앙상블을 들 수 있다. 두터운 진흙층 위에 얹힌 초가지붕은 우리에게도 먼 옛날의 이야기는 아니다. 초가지붕은 비흘림을 담당하며 진흙이 씻겨 내리지 않게 보호해 주는 구실을 한다. 초가지붕의 공기층과 진흙은 공히 훌륭한 보온재로서 복사열을 막고 온도의 손실을 막아 준다. 공기층은 더욱이 통풍을 통하여 적절한 습도를 유지시킨다. 기온이 내려가는 밤이나 겨울철에 초가는 외피를 형성하여 열 손실을 막아 주고 진흙은 내부의 열이 방사되는 것을 막아 준다. 일교차가 심한 곳에서 진흙은 낮에 저장된 열을 서서히 방출하여 온도 격차를 줄여 준다. 이는 우리나라뿐만 아니라 나이지리아의 바우치(Bauchi) 고원, 인도의 오리사(Orissa) 등에서 광범위하게 사람의 보금자리를 만들었던 민가의 궁리들이었다. 그중에서도 특히 우리나라는 지붕 위에 다량의 진흙을 사용하였다. 초가뿐 아니라 기와지붕의 하부에도 진흙이 두껍게 깔려 보온층의 구실을 하고 있었다. 어떤 부위에서는 두 자가 넘는 진흙층이 발견되기도 하였다고 한다.

회화도 조각도 없이 공간적 묵시록과 아라비아 글자만 가지고 천국의 이미지를 조형했던 이슬람 문화에서 물 다음으로 중요한 건축적 어휘는 그늘이었다. 그 어휘는 가리개(grill)로 변용되었다. 가리개에는 통풍의 의미가 내재되어 있었다. 그것은 건축화된 차도르(chador)와 다를 바 없었다. 남의 눈에 띄지 않으면서 밖을 내다볼 수 있는 장치, 프라이버시를 보장하고 일광의 눈부심을 감소시켜 줄 수 있는 장치, 통풍과 그늘의 장치는 특유의 어휘를 만들었다.

**저장을 궁리하다.** 민가의 구조는 에너지의 수집과 저장에 본능적인 감각을 발휘한다. 빛과 열, 바람 그리고 물의 수집에도 집의 모양은 기여한다. 강우량이 적은 지역의 지붕 형태는 대체로 저장이나 수집과 관련된다. 평지붕은 농작물을 건조시키기 위해서도 사용되지만, 평지붕에서 수집된 물이 회반죽 홈통을 통하여 지하에 있는 도기 항아리로 모여 저장되는 경우도 있다. 특히 로마의 단독주택인 도무스(domus)의 아트리움 중앙에는 수조가 있고 지붕의 형태는 이 수조를 향하여 안으로 접혀진 형태다. 수조는 단순한 장식이 아니라 비상시를 대비한 빗물 저장고였던 것이다.

또한 곡물을 저장하는 방법도 심각한 사안이었다. 수단에서는 초대형의 진흙 항아리가 곡물 창고로 사용되었다. 이런 항아리형 창고는 동물들의 침입을 막기 위해 발이 달리기 시작했고 그것이 나중에는 기둥의 형태가 되었다. 기둥의 상부에는 생쥐들이 접근하지 못하도록 넓적한 석재 모자가 씌워지고 저장고의 벽에

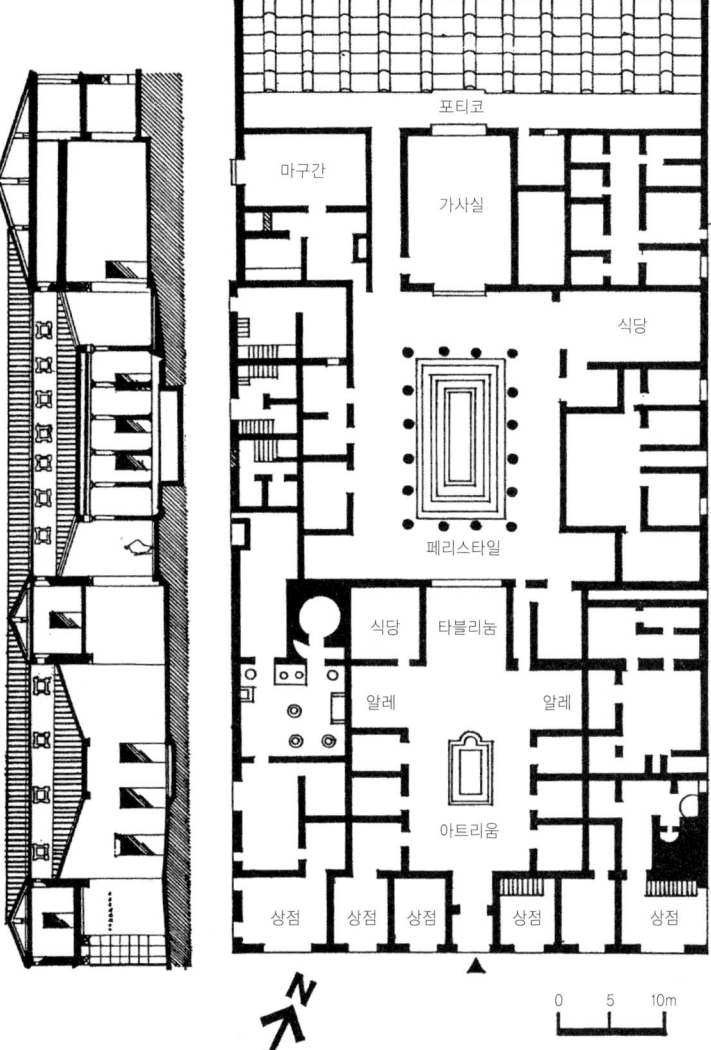

판사(Pansa)의 주택. 로마의 단독 주택인 도무스의 전형이다. 아트리움과 페리스타일이 있다.

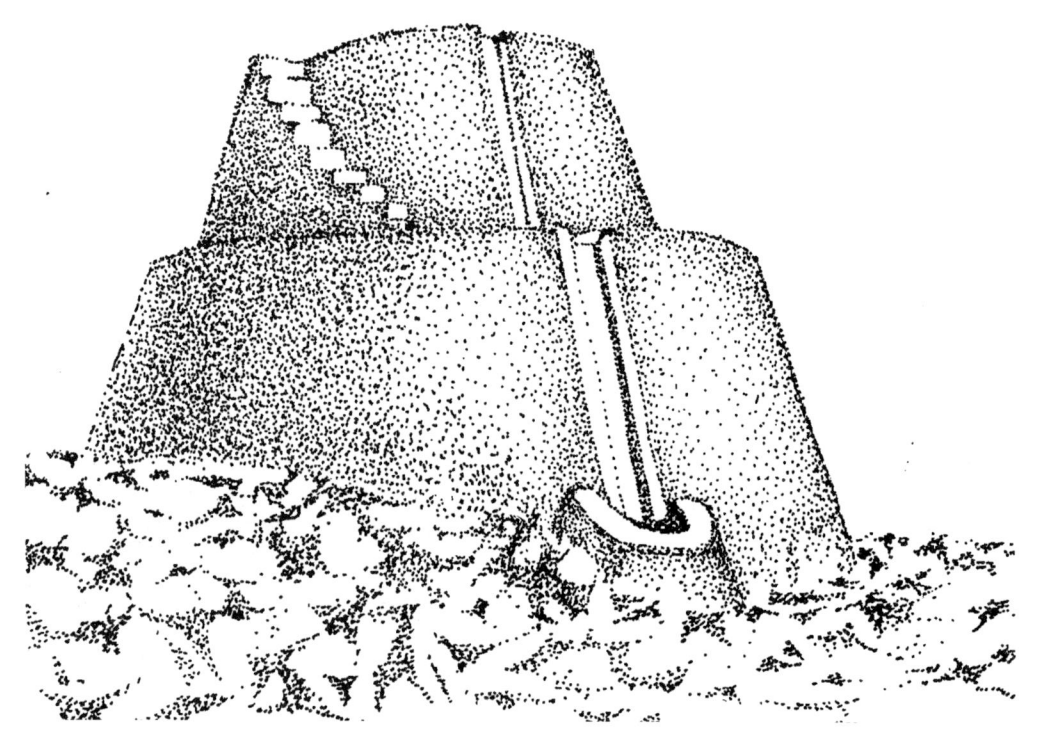

남부 이탈리아의 은신처. 평지붕은 농작물을 건조시키기 위해 사용되고 회반죽 홈통은 빗물을 수조로 운반한다.

스페인 갈리시아에 있는 곡물 창고. 대단히 많은 숫자가 군집하여 단지를 이루고 있다. 기둥 상부에는 쥐들이 접근하지 못하도록 덮개가 씌워져 있다.

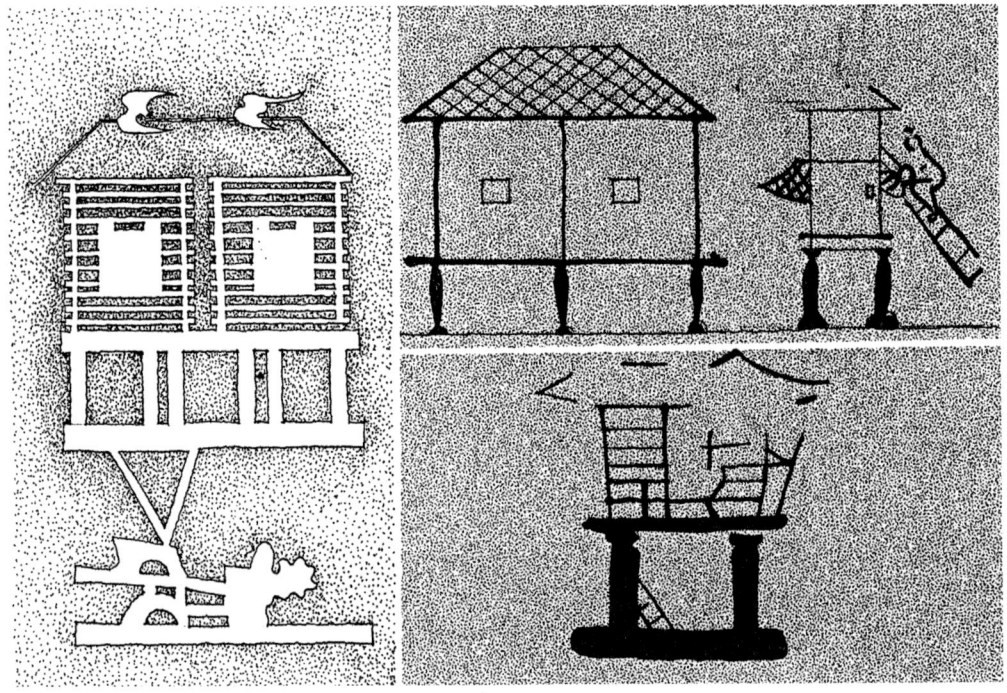

고구려 벽화에 나타난 곡물 창고. 갈리시아 지방의 것과 유사한 구조를 가지고 있으며, 창고 하부에 그려진 디딜방아는 여기가 작업장으로 쓰였음을 암시한다. 중국 지안 소재 마선구 1호분의 창고 벽화이다.

는 통풍을 위한 세밀한 구멍들이 뚫리기 시작했다. 스페인의 갈리시아(Galicia)와 포르투갈의 에스피구에이로스(Espigueiros)에는 필로티 위에 만들어진 대단히 정교하고 아름다운 창고들이 커다란 촌락을 형성하고 있다. 기둥 사이의 마당은 작업 공간으로 사용된다.

고구려에도 이러한 유형의 창고들이 있었다. 중국 지안에 소재한 마선구 1호분의 창고 벽화와 덕흥리벽화분의 창고 벽화, 팔청리벽화분의 창고 벽화를 보면 기둥 위에 생쥐 방어용(rat-guard) 석판을 씌운 창고의 모습이 나타난다. 기둥 상부는 잘록하게 오므라들고 석판의 밑창도 도드라지게 되어 있어 쥐가 오르기에 더욱 힘들게 궁리되어 있음이 이채롭다. 마선구 1호분의 창고 하부에는 디딜방아가 그려져 있는데, 이는 역시 작업 공간으로 쓰였음을 보여 준다.

저장 시설의 발달은 그 사회가 큰 무리의 세력을 만들 수 있었다는 증거이며, 에너지의 비축 능력과 생활의 여유를 나타낸다. 창고 벽화는 강성한 고구려의 옛 모습을 입증하는 증명사진이다.

## 최고의 발명품, 온돌을 고안하다.

한국의 온돌은 집을 가장 집답게 해주는 놀라운 발명품이다. 우리는 토벽과 흙바닥 온돌이 공급하는 세라믹 에너지를 전신으로 데굴데굴 뒹굴면서 즐겼던 선택받은 사람들이었다. 토벽과 흙바닥, 종이 장판, 그리고 초가지붕으로 이뤄진 한국의 민가는 이 세상에서 가장 건강에 좋은 에너지 캡슐이었다.

  온돌은 만주 벌판의 추위를 이기기 위해 고구려가 만든 특유의 에어덕트(air duct) 시스템이다. 이후 온돌은 아궁이와 구들, 개자리[31]와 굴뚝의 과학을 절묘하게 발전시켰다. 조선 후기에는 아래위 이중 구들을 가진 궁중 온돌까지 나타났다. 궁궐에서는 연기로 건물을 오염시키지 않기 위해 굴뚝을 집에서 떨어트려 축조하는 어려운 기술까지 사용하였다. 열 개가 넘는 네모난 상자 모양의 전돌 굴뚝이 담장 위에 한 뼘 간격으로 가지런히 올라앉은 특이한 방법도 나타나고, 갖은 치장으로 정원의 조형물이 되어 후정에 우뚝 선 것도 생겨났다. 연기란 것이 대단히 요상해서 길이 조금만 잘못돼도 거꾸로 돌아 나오거나 엉뚱한 곳으로 가서 맴도는 까다로운 성품을 가졌음을 감안하면, 그렇게 길고 복잡한 연도를 합리적으로 조성할 수 있었던 경험적 유체 역학에 감탄하지 않을 수 없다.

  풍수지리를 에너지 과학적 차원에서 현대적인 건축학으로 끌어올린 P 박사는, 우리나라 양반들이 살던 집은 허리가 잘록하여 기(氣)가 새어 나가는 모양새고, 초가집은 가운데가 볼록해서 기가 모이고 복을 받을 수 있는 형상이라고 했다. 그렇다면 온돌과 창호지 문, 토벽으로 구성된 초가집이야말로 세라믹 원적외선 구조에 기(氣)까지 충만한 최고의 합리적 건축이 아니고 무엇이겠는가.

  온돌이 고구려의 것이라 하여 남쪽 신라에는 온돌이 없었을 것이라고 추정하는 사람들이 있다. 그런데 이게 웬일인가? 경상남도 하동의 칠불사는 아자방(亞字房)이라는 신비의 선방을 가지고 있

31 구들의 고래 끝과 굴뚝 사이에 벽을 따라 길게 판 구덩이로, 연기가 여기에 모였다가 굴뚝으로 빠져 나간다.

담장 위에 가지런히 올라앉은 열 개의 전돌 상자가 열 개의 굴뚝 역할을 하고 있다.

다. 한번 불을 때면 100일을 간다는 온돌사(溫突史) 최고의 명품이 바로 이 신라 온돌이었다. 아자방은 약 천 년 전 신라 효공왕 때 담공선사가 축조한 것인데, 그는 금관가야 출신으로 구들을 어찌나 잘 놓았던지 사람들이 그를 가리켜 '구들도사'라고 칭하였다. 당시의 오리지널 아자방은 한번 불을 때면 45일간 뜨거운 온도를 유지하였으며 따스한 온기는 100일 동안 지속되었다.

임진왜란과 6·25로 전소된 아자방은 1982년에 복원되었다. 복원에 참여한 도편수 김학만 씨에 따르면, 아자방이 자리 잡은 곳의 토질은 부근과 차이가 있었고 구들 밑에는 15~20센티미터 정도의 강회다짐이 있어 보온층을 구성하였으며 부챗살 모양으로 시작된 구들이 다시 부챗살 모양으로 모아져 굴뚝으로 빠지게 되어 있었다고 한다. 복원된 지금의 아자방은 봄, 가을에는 일주일 정도 온기를 유지하고, 영하 10도가 넘는 한겨울에도 사흘은 따스하다고 한다.

현대의 한국인은 온돌이 한반도의 보편적인 전통 주거 문화라는 단순한 상식만 가지고 있다. 그래서 영화 「단종애사」에서는 추호의 의심 없이 온돌방에 앉아 정사를 보는 임금의 모습이 나오고, 고려를 배경으로 한 사극에서는 귀족과 왕족들이 온돌방에 앉아 머리를 맞대고 수군거리며 모의를 하는 장면이 참담하게 펼쳐진다. 그런데 한국의 지배 계층은 체면과 수치심 때문에 온돌을 사용하지 않았다. 온돌은 민초들의 문화였다. 조선 후기에 이르기까지 양반들은 마루방에서 입식 생활을 하는 중국식의 생활을 품위 있는 것으로 생각하였으며, 아흔아홉 칸의 큰 집 한편에 온돌방을 하나 정도 만들어 노약자나 병자들이 사용하도록 하였다. 온돌은 조선 후기에 가서야 보편화되었다.

### 굴뚝, 우리 문화의 우수성을 드러내다.

굴뚝은 한민족에게서 가장 먼저, 그리고 다양하게 발달한 문명이었고, 동시에 가장 눈여겨보아야 할 문화유산이기도 하다. 한민족은 고구려 시절, 삭풍(朔風) 몰아치는 만주 벌판에서부터 부엌과 굴뚝을 발전시켜 왔다.

한국의 굴뚝은 오지항아리를 조립식으로 이어 놓은 것에서부터 통나무의 속을 숯불로 조금씩 태워서 만든 통나무 굴뚝, 기왓장을 차곡차곡 탑처럼 쌓아 올리고 꼭대기에는 기와지붕을 얹은 것까지 별의별 모양이 다 있다. 왕가 뒷정원의 화계(花階)에는 전돌로 만든 지극히 조형적인 굴뚝이 고고하게 솟아올라 연기를 다루는 세계 최고의 기술을 보여 주기도 한다. 서양에 굴뚝이 나타난 것이 불과 15세기였다는 것을 생각하면, 이미 이중 온돌을 만들었던 한국 특유의 문화에 놀라움을 느끼게 된다.

제주도와 같이 더운 지방에서는 모기도 쫓을 겸해서 굴뚝 없이 땐 불이 그냥 적당히 밖으로 새어 나가게 하기도 하였다. 그러나 15세기 이전의 서양에서는 모기 때문이 아니라 기술이 없었기 때문에 지붕에 난 구멍으로 연기가 적당히 빠져나갈 수밖에 없었다. 적어도 18세기까지 우리는 당대 최고의 과학적 난방 방식을 독보적으로 보유, 발전시키고 있었다.

궁궐의 뒤뜰 화계에 조형적으로 솟아오른 굴뚝.

굴뚝이 서양에서 보급되기 시작한 것은 르네상스 이후이며 근대 굴뚝의 형태로 정교하게 발전된 것은 18세기 이후였다는 것을 아는 사람은 드물다. 아열대 기후에 가까운 이탈리아 반도에서 번영한 대로마 시대에는 굴뚝이 없었다. 아마도 난방의 개념이 취약했던 것으로 여겨진다. 판테온 신전의 천장에 뚫린 구멍은 유목 민족의 천막(Yurt) 천장에 뚫린 구멍과 조금도 다를 바 없다. 그러한 구멍은 오늘날 아프리카 사하라 주변 토착민의 이동식 주거에서도 찾아볼 수 있다. 로마인들이 추위에 못 이겨 적당하게 지핀 불의 연기는, 지금 아프리카 원주민의 주거에서와 마찬가지로 천장에 뻥 뚫린 구멍을 통하여 밤하늘의 별들 사이로 흩어졌던 것이다.

### 라이트가 만든 온돌에서 살다.

우리는 지금 라이트가 만든 온돌에서 살고 있다. 양심적으로 말하면 그렇다. 서양에서는 온돌이 무엇인지도 몰랐던 때에 이미 신비의 온돌에서 참선하고 득도하던 우리들인데 라이트가 만든 온돌에서 살고 있다니, 이게 무슨 소리인가?

대지의 건축가, 프랭크 로이드 라이트는 정력이 좋은 편이어서 한때 클라이언트의 아내와 스캔들을 일으켜 미국에서 잠시 떠나 있고자 했었다. 그때 마침 일본에서 제국호텔을 지어 달라는 의뢰가 들어왔다. 라이트는 머리도 식히고 현장에서 시공 감리도 할 겸 해서 제국호텔 공사가 끝날 때까지 일본에 머물렀다.

그러던 어느 겨울날, 일본의 한 귀족 집에 초대를 받았는데 안

내된 방으로 들어가 보니 지푸라기를 엮어 깐 일본식 방이 아니고 바닥에 노란 종이를 바른 이상한 방이었다. 더욱 기이한 것은 각로(脚爐)가 보이지 않는데도 불구하고 방 안이 매우 훈훈한 것은 물론 바닥까지 따스한 것이 아닌가. 냉난방을 과도하게 하는 것이 체질화되어 있던 미국인으로서 난방 시설이라야 고작 화로밖에 없는 일본의 으슬으슬한 겨울에 진력이 난 터였기에 라이트는 따뜻한 이 신비의 방에 감탄하지 않을 수 없었다. 그는 이게 무슨 장치냐고 물었고, 주인은 "이게 한국식 방입니다."라고 대답하였다.

집주인은 당시 식민지였던 한국에서 살았던 적이 있는데, 그때 경험했던 온돌의 재미를 못 잊어 일본으로 돌아온 후에도 자기 집에 온돌방을 하나 만들어 놓고 추운 날이면 손님을 초청하여 즐기곤 했다. 라이트는 온돌에 매료되었다. 그는 회고록에 이렇게 썼다.

"코리언 룸은 인류가 발명한 최고의 난방 방식이다. 이것은 심지어 태양의 복사 난방보다도 훌륭하다. 발을 따뜻하게 해 주는 방식이야말로 가장 이상적인 난방이다."

그는 미국으로 돌아가서 바닥에 깐 돌 사이로 온수 파이프를 설치한 패널히팅(panel heating) 방법을 개발하여 그가 설계한 주택 전반에 보편적으로 채용하였다. 우리는 그 패널히팅을 다시 수입하여, 온돌이라 여기며 쓰고 있다. 우리는 지금 라이트의 온돌에서 살고 있는 것이다.

## 🏠 프랭크 로이드 라이트 Frank Lloyd Wright, 1867~1959

미국을 대표하는 건축가 중 한 명인 프랭크 로이드 라이트는 르코르뷔지에(Le Corbusier), 미스 반데어로에(Mies Van Der Rohe)와 더불어 근대 건축의 3대 거장(Master)으로 불린다.

라이트는 당시 유럽 중심이던 근대 건축계에서 시대에 적합한 혁신적인 건축을 고민하며 독자적인 건축 철학을 구축한다. 미국의 자연환경과 미국인의 생활에 가장 알맞은 건축을 구현하고자 한 그는 '유기적 건축'이라는 개념을 정립했다. 이는 건축이 시간과 장소, 인간과 조화롭게 관계를 맺으며, 자연을 지배하는 것이 아니라 그 속에 스며들어 교감해야 한다는 생각이었다.

자연에서 유추한 원리와 형태를 건축조형의 기본으로 삼고 자연 친화적인 건축을 추구한 그의 작품 중 1/3 이상은 사적(史蹟)으로 등록될 만큼 역사적, 예술적 측면에서 그 가치를 인정받고 있다.

chapter 2

# 집은,
# 인류의
# 문명사다

# 부엌은 집의 심장이다

<u>집의 출발은 부엌이었다.</u> 주택에서 가장 중심적 역할을 하는 곳은 부엌이다. 부엌은 주택의 심장으로, 취사와 난방, 가정적 활기라는 에너지를 공급한다. 예나 지금이나 사람이 사는 집의 모양은 근본적으로 별반 달라진 게 없다. 지금 짓는 집에서 100년 뒤에 산다고 해도 크게 문제될 것은 없으며, 100년 전에 지어진 집에서 지금 산다고 해도 크게 문제될 것은 없다. 오히려 100년 전의 예스러운 집이 운치는 더 나을 때도 있고, 사람 사는 분위기가 자연스럽게 와 닿는 점도 많다. 그런데 그 모습이 현저하게 바뀌며, 5년 전이 다르고 20년 전에는 아주 딴판이었던 유일한 공간이 있으니, 그것이 곧 부엌이다. 부엌은 문명의 수준을 드러내며 GNP를 반영한다.

어린 왕자의 집에는 부엌밖에 없었다. 그것은 그가 어려서 먹는 걸 너무 밝힌 탓도 있지만, 먹는 일 이외에 중요한 일이 별로 많지 않았기 때문이기도 하다. 사실 집의 한가운데를 차지하는 유일한 시설인 화덕은 그것이 비록 호박돌 몇 개를 빙 둘러 놓은 보잘 것

없는 것이었다 해도, 그 공간의 주 기능이 부엌이라는 점을 증명한다. 그 밖의 시설물로는 깔개가 고작이었다.

인류의 어린 시절 우리는 부엌에서 자라났다. 우리는 화덕을 중심으로 먹고 자고 했다. 집의 평면은 부엌의 기능이 분화되고 발전된 것이다. 동그란 집을 짓고 살던 사람들은 식구가 늘어나고 대가족이 되면서 더 많은 공간이 필요하게 되자 포도송이처럼 여러 개의 동그라미가 올망졸망 엮어진 집을 만들기도 했지만, 동그라미 자체를 밀가루 반죽처럼 길쭉하게 늘리기도 하였다. 타원형이 나타난 것이다. 그러다가 타원형에도 한계가 오자 사각형 평면이 탄생하였다. 가장 쉬운 기하학에 도달하는 데 꽤 시간이 소요된 셈이다.

사각형과 더불어 문명은 시작되고 어린 왕자는 사라졌다. 기능의 분화와 효율성이 조금씩 평면을 지배하기 시작했고, 심정이 지배하던 역사에 논리의 지배가 자라났다. 네모꼴로 늘어난 집에는 곡식을 저장하는 구덩이가 파였다. 식품 저장소와 외양간이 가장 먼저 칸을 만들었다. 중국에서는 집을 '가(家)'라 하는데 이 글자를 잘 들여다보면 지붕 밑에 사람 대신 돼지가 살고 있다. 울타리로 둘러싸인 마사이족(Maasai)의 집단 주택은 여러 개의 원추형 집들이 큰 동그라미를 그리는데 그 한가운데에 저장소와 외양간으로 된 또 다른 동그라미를 품고 있다. 생존과 관계된 이러한 시설은 중요시되다 못해 신성시되었다. 마사이족들에게 가축은 부(富)일 뿐만 아니라 신비적이고 종교적이며 문화의 기초를 형성하고 경제적 가치를 초월하는 의식적 중요성을 가지고 있다.

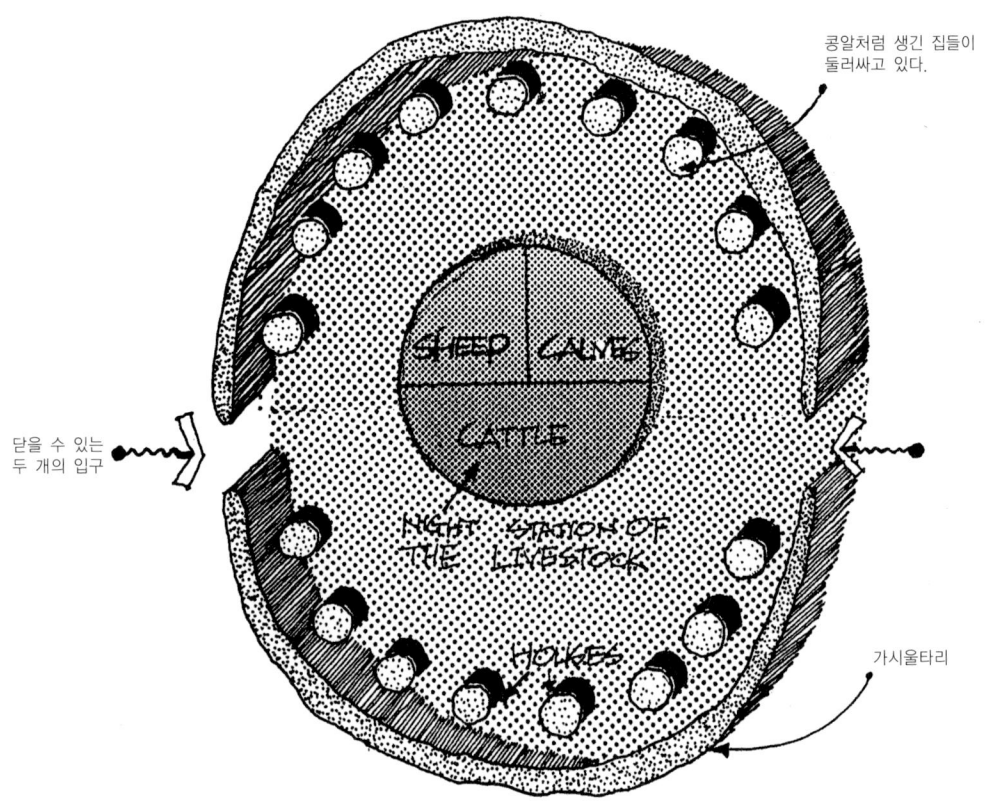

마사이족의 집단 주택. 여러 개의 원추형 집들이 큰 동그라미를 그리는데, 그 한가운데에 저장소와 외양간으로 이루어진 신성한 동그라미를 품고 있다.

주택과 다른 건축을 구별하는 결정적 공간은 부엌과 침실이다. 초기 인류의 집에는 이 두 가지 기능이 모두 부엌에서 이루어졌다. 상당히 진보된 로마 시대조차 시골 서민들의 집은 기능 분할이 제대로 이루어지지 않아 민초들은 부엌에서 먹고 잤으며 심지어 가축까지 길렀다. 예수가 외양간에서 태어난 것도 결코 우연은 아니다. 대부분의 민초들은 부엌과 외양간이 구별이 되지 않는 공간에서 살았다. 내가 성서를 다시 쓴다면 '예수님은 부엌에서 태어나셨다'고 쓸 것이다. 그것이 더 사실적이며 보편성이 있다. 민초들은 주로 부엌에서 살았다. 그러니 부엌에서 태어났어야 옳다.

현대인은 거실을 집의 중심 공간으로 인식하는 데 익숙해져 있다. 그러나 이 거실의 개념이 확립된 것은 근세기에 들어서이며 전세기(前世紀)까지의 오랜 기간 동안 동서양을 막론하고 집에는 거실이란 게 뚜렷하게 존재하지 않았다. 지금의 거실에서 일어나고 있는 복합적 생활 형태가 수용되던 곳은 오히려 부엌이었다. 부엌은 취사뿐만 아니라 작업과 가내 생산이 이루어지는 곳이었으며, 무엇보다도 집 안에서 가장 따뜻한 곳이었다.

서양 소설을 읽다 보면 손님이 곧장 부엌으로 드나드는 장면이 자주 나온다. 부엌의 큰 난로 위에는 김을 내며 끓고 있는 주전자가 있고, 부엌의 큰 식탁 옆에는 뜨개질을 하는 주부가 있으며, 그 곁에는 장부를 정리하고 편지는 쓰는 가장이 있다. 그것이 가정의 이미지였다. 부엌을 떠나 가정의 이미지는 존재할 수 없었.

산타클로스를 보라! 그가 애용하던 주 접근로(main access)인 굴뚝은 부엌의 상징이 아니었던가!

## 한국의 부엌은 창조적 공간이었다.

세계 주거 문화사에 유래가 없는, 찬란한 문화유산인 온돌을 탄생시킨 한국의 부엌은 원래가 넉넉하고 활기 있는 창조적 공간이었다.

중학교 때, 한국의 부엌은 동선이 길고 오르내림이 많아 불합리하고 비위생적이라는 얘기를 식민지 교육의 성공적인 희생물이었던 우리들의 선배님들 혹은 선생님들로부터 귀가 따갑게 들었다. 그런데 괴테의 집과 모차르트의 생가를 방문해 그들이 쓰던 부엌을 자세히 살피고 나서, 우리의 부엌을 매도했던 그 선배님들과 선생님들이 실은 맹목적인 식민지적 지성에 불과했었다는 사실을 깨달았다. 합리주의의 화신인 양 뽐내는 서양인들의 부엌은 아예 주생활 공간과 분리되어 있는 것도 많았다. 한국의 부엌은 다른 거실과 최소한 동일한 평면 위에 있었으며, 취사의 여열로 주생활 공간의 난방을 행하는 에너지 절약의 지혜를 발휘하였고, 부뚜막과 선반으로 기물을 정리하는 연속적이고 수평적인 작업 동선 체계를 가지고 있었던 것이다.

근대 이전의 서양 주택에는 그런 것도 없었다. 그들에게는 비싼 돈을 주고 밥을 사 먹는 일이 더 편했다. 벽난로에 코를 꿰어 매단 냄비로 밥을 하는 것이 얼마나 힘들었겠는가?

그에 비하면 한국의 부엌은 훌륭했다. 가마솥에서는 언제나 물이 끓고 있어 위생적인 식기 세척이 가능했으며, 아무리 자질구레한 소재일지라도 가마솥에 풍덩 넣고 휘휘 저은 후 적당히 양념하여 주물럭거리면 먹거리가 되었다. 우수한 부엌 시설 때문에 한국인은 무엇이나 먹을 수 있었고, 돼지 족발이나 쇠꼬리를 고급 음식으로 둔갑시킬 수 있었다. 한편 한국인의 부엌은 흙바닥이어서 소금에 절인 온갖 채소를 파묻어 저장해 둘 수 있었다. 그것이 발효 음식을 발전시켰고, 이는 가마솥과 더불어 한국인을 기아와 질병으로부터 구제하여 살아남도록 한 생존 기술이 되었다. 현대적 관점에서 볼 때 소금을 너무 많이 먹는 것만 빼면 한국인의 식품은 대체로 선진형 건강식품이다.

한국의 부엌은 공간이 넉넉하였다. 그것은 아궁이와 가마솥, 부뚜막 그리고 온돌 같이 24시간 연속적으로 기능하는 시스템을 구축하고 있었다는 점과 한국의 음식 문화 유형이 비록 겨울 음식이라 할지라도 장시간의 복잡한 손질을 요구하는 쪽으로 발달하였다는 점을 생각해 보면 쉽사리 유추할 수 있다. 손재간이 많은 한국인의 가내 생산도 아궁이를 확보하고 있어서 난방 상태가 좋았던 부엌에서 영위되었음을 알 수 있다. 실제 한국인의 부엌은 일을 할 수 있는 다용도의 평상 같은 것을 비치할 정도로 넓었다.

그러던 부엌이 움츠러든 것은 '남녀7세부동석'이란 말이 나오면서였다. 이 말은 우리들의 훌륭한 공간의 활기를 군자로부터 빼앗아 그 시대의 소외 계층이었던 아녀자의 전유물로 분배하고 말았다. 그 공간의 훌륭함과 풍요로움, 철학적 의미와 기능적 중요성을 감안한다면, 부엌이 그 시대의 가장 불행했던 계층에게 전속되었다는 사실은 가치의 평준화나 분배의 평등 차원에서 어쩌면 공평했던 일일는지도 모른다. 그러나 이렇게 해서 군자들은 삶의 활기가 넘치며 항상 먹을 것이 있고, 인간적이고 구수한 이야기와 군

감자가 함께 익어 가는 부엌을 빼앗긴 채, 재미없는 서책이나 읽으며 차가운 마루방에서 도포 자락에 감춘 몸을 떨어야 했던 것이다.

그리고 부엌은 차츰 움츠러들기 시작했다. 우리의 그 많은 노동 집약적 음식 문화는 축소된 부엌에서 실행될 수 없었다. 그래서 때로는 뒤뜰에 임시로 부뚜막을 설치하여 장을 끓이고 김치를 담갔으며 부침개를 지지고 잔칫상을 준비하게 되었다. 남자들을 쫓아낸 부엌은 건축적으로보다 심리적으로 천대를 받았으며, 남편 대신 강아지가 지키고 있다가 시어머니에게 구박 받은 며느리의 축구공 노릇을 해 주기도 하였다. 부엌을 잃은 한국 남자들이 찾아갈 곳은 외상으로도 허풍을 떨 수 있는 주막집밖에 없었다.

<u>부뚜막과 가마솥, 우리 문화의 기초가 되다.</u>   한민족의 부엌에서 가장 특기할 만한 것은 부뚜막과 가마솥이다. 가마는 한국 특유의 주방 시설이다. 한국인은 이것으로 밥을 짓고 갖은 찜을 만들었으며 떡을 해 먹었다. 가마솥의 뚜껑을 뒤집으며 커다란 프라이팬이 된다. 제삿날이나 잔칫날이면 솥뚜껑을 엎어 놓고 기름칠을 하여 부침개를 만드는 아낙네들을 어디서나 볼 수 있었다.

부뚜막에 걸린 가마솥 — 이것은 한국적 문화의 모형을 말해 준다. 한국인은 끓이고 볶고 삶고 찌고 썩혀서 음식을 만드는데, 가마솥은 고도로 발달한 탕반류 음식 문화의 기반 시설이 되었다. 유난히 뜨겁고(hot) 매운(hot) 음식을 선호하며, 전쟁터의 참호에까지 뜨거운 국을 날라야 싸움이 되는 한반도의 문화는 가마솥이 만

한국의 부뚜막과 가마솥.

든 것이다.

　외국 사람들은 주로 쇠막대기로 만든 삼각대에 코를 꿰듯 냄비를 매달아 놓고 음식을 끓였다. 이러한 원시적인 방식은 요즈음 야영하는 사람들의 취사 방식에서도 찾아볼 수 있다. 이 요리 방법은 대단히 오랫동안 지속되었는데, 미국 개척 시대의 오두막에서나 화려한 베르사유 궁전의 부엌에서도 마찬가지였다. 그들에게는 부뚜막이 없었다.

　어린 시절 보이스카우트의 일원으로 야영 생활을 많이 하였는데, 우리는 어김없이 어디에서든 호박돌을 구하여 부뚜막을 만들어 반합을 올려놓았다. 이는 베르사유 궁전 부엌의 취사 형식이 수렵인의 그것처럼 사슬에 걸린 냄비와 쇠꼬챙이에 꿰여 돌아가는 바비큐 형태의 범주를 넘지 못하였다는 점과 비교하여 생각하면 대단히 흥미로운 것이다.

　부뚜막은 무엇인가? 얌전한 개 먼저 올라간다는 그 부뚜막은 무엇인가? 얌전한 개는 머리가 좋았고, 머리가 좋은 개는 부뚜막의 효용성을 누구보다도 먼저 알았다. 가마솥 문화의 산물인 부뚜막은 곧 온돌이었다. 부뚜막은 따스했다. 얌전한 개가 좋아하는 것은 당연한 일이었다.

　한국인은 얌전한 개로부터 배운 경험을 확장시킬 줄 아는 현명한 문화 민족이었다. 그래서 따스한 부뚜막을 길게 늘이기 시작했다. 이러한 외골 온돌에 대한 고증은 고구려 시대의 민가 유적에서 실제로 나타나고 있다. 길게 늘인 부뚜막은 걸상으로 사용되었다. 그러다가 얌전한 개처럼 아예 이 좋은 것을 침대 삼아 잘 수 없을까 하고 궁리하였다. 부뚜막은 편평하게 늘어났다. 여러 개의 골을 구들장으로 덮은 온돌은 이렇게 생겨난 것이다.

초기의 온돌은 부엌의 일부였다. 처음에는 온돌과 부뚜막 사이에 아무 구분이 없었다. 한반도의 북부 지방에는 20세기 초까지도 그런 민가가 있었다고 전해진다. 그 뒤 온돌과 부엌 사이에 칸막이가 생겨나고, 온돌방은 곧 안방이 되었으며, 그중에서 가장 따스한 곳을 아랫목이라 불렀다.

## 🏠 빌라 로툰다 Villa La Rotonda

빌라 로툰다는 이탈리아 북부의 비첸차(Vicenza) 교외에 위치한 주택으로, 서양 건축의 고전이자 르네상스 건축의 대표작으로 손꼽힌다. 16세기 이탈리아의 건축가, 안드레아 팔라디오(Andrea Palladio, 1508~1580)가 명문 귀족이자 성직자였던 파올로 알메리코(Paolo Almerico)의 은퇴 후 생활을 위해 설계했다. 1567년 공사가 시작되었는데, 불행하게도 건축가와 건축주 모두 주택의 완공을 보지 못하고 세상을 떠났다. 이 집은 양도받은 카프라 형제에 의해 1592년 완성되어 '빌라 카프라(Villa Capra)'라고도 불린다.

후기 르네상스를 대표하는 건축가 팔라디오는 원래 석공이었다. 하지만 그의 재능을 알아본 인문학자 잔 조르조 트리시노(Gian Giorgio Trissino)를 만나면서 건축가의 길을 걷게 된다. 로마 여행을 통해 고전 건축을 공부한 팔라디오는 고대 신전에서 얻은 영감을 자신의 건축으로 발전시켜 팔라디아니즘(Palladianism)을 확립하고 '건축4서(The Four Books of Architecture, 1570)'라는 건축 이론서로 정리한다. 팔라디아니즘은 17세기 영국을 시작으로 점차 유럽과 미국으로 전파되어 이후 전 세계 건축에 많은 영향을 미친다.

완벽에 가까운 대칭미와 비례감, 균형미를 자랑하는 빌라 로툰다는 사각형의 평면 중앙에 반원형의 돔이 얹힌 형상이다. 원형의 공간을 의미하는 로툰다는 판테온을 연상시킨다. 사각형의 각 면에는 역시 똑같이 생긴 포르티코(Portico)가 붙어 있다. 포르티코는 출입구 부분에서 돌출하여 열주와 지붕으로 형성된 주랑(柱廊) 현관을 말한다. 주택 내부의 원형 홀에서는 각각의 포르티코를 통해 외부를 조망할 수 있는데, 4개의 풍경이 모두 다르다. 팔라디오의 치밀한 계산에 의한 설계라고 하는데, 건축 자체의 완벽한 아름다움만큼 내부에서 바라보는 자연 풍경을 얼마나 중요하게 생각했는지 짐작할 수 있다.

# 방은 집의 문명사다

<u>맨발의 공간, 그것은 문명이었다.</u> 예술적인 카펫을 깔고 그 위에서 차를 마시거나, 따뜻한 온돌 위에 기름종이를 바르고 살거나, 최소한 짚을 엮은 두툼한 돗자리(다다미)라도 깔고 살았던 위생적인 몽골 문화권에서는 집 안에서 신발 벗는 것을 당연한 예의로 삼았다. 사실 그것은 단순한 예의가 아니었다. 그것은 문명이었다.

사람이 휴식을 취할 때 구속하는 복잡하고 불결한 모든 장치로부터 발을 해방시키는 것이 얼마나 중요한 것인지는 동서고금의 모든 의학이 증명하고 있다. 무좀과 악취를 제거하기 위해서는 우선 발부터 깨끗이 하고 맨발의 통풍 상태를 유지해야 할 필요가 있다. 거기에 더해서 우주의 축소판이라는 인간 신체의 축소판으로서 발바닥의 건강은 곧 인체의 건강을 의미하는 것이며, 이는 곧 요가의 지혜이자 한의학의 지혜이기도 하다.

발바닥은 기공학(氣功學)에서 온몸의 병기(病氣)와 폐기(廢氣)를 땅으로 빼내는 혈(穴)을 가지며, 일체 기병(氣病)을 다스리는 혈을 가지고 있다고 한다. 발이란 열기를 가두어 유지해도 안 되고 한기를 가두어 두어도 안 되는 법이다. 이러한 민감한 요지요부(要地要部)를 양말과 가죽 구두로 결박하여 온종일 최악의 상황 속에 팽개쳐 놓고 오직 인내만을 강요하는 것이 어찌 야만적 생활 방법이 아니겠는가? 더구나 온갖 세균과 오물로 더럽혀진 구두 바닥으로 저벅저벅 안방을 드나들다니, 그게 야만인이 아니고 무엇이겠는가? 우리 민족은 전쟁이 나지 않는 한 그런 참혹한 광경은 일어나지 않는 것으로 알고 살아왔다. 소수 민족의 관습에서는 조금만 눈에 거슬리는 일이 발견되어도 야만이다, 후진이다, 미개다 마구 무시하는 사람들도, 다수의 문명인이 가지고 있는 이런 야만적 족습(足褶)에 대해서는 의심할 줄 모른다.

「맨발의 청춘」이란 영화가 히트를 치던 시대가 있었다. 그런데 지금 기억에 남는 것은 영화의 내용이 아니고 그 제목이다. 왜 그 제목은 30년이 지난 지금까지 머릿속에서 사라지지 않고 있는 것일까? 그것은 바로 '맨발' 때문이다.

우리는 맨발이란 말을 들으면 우선 쾌감을 느낀다. 그것은 마치 아무도 밟지 않은 원시의 하얀 백사장으로 갑자기 되돌아간 듯한 환상의 쾌감이다. 맨발 문화권 특유의 강렬한 뉘앙스다. 서양 영화에도 「맨발의 백작 부인」이란 영화가 있었지만 맨발이란 말이 주는 강렬함이 그들에게도 그렇게 진하였을지는 회의적이다. 도대체 그 사람들이 언제 맨발을 경험해 보기나 하고 살았던가? 그들에게 맨발이란 일상적 경험이 아니고 예외적 경험인 것이다.

하지만 우리는 다르다. 우리에게 맨발이란 매일매일 매시간의 경험이다. 짧은 휴식 시간에도 맨발을 유지하면 휴식의 강도는 더 강해진다. 목욕 시설이 별로 좋지 않았던 우리는 목욕은 매일 하지 않더라도 발은 매일 씻었다. 더울 때 맨발을 찬물에 푹 담그는 것은 가장 경제적이면서도 효과적인 피서법이다. 추울 때도 그렇다. 뜨거운 물로 발을 씻고 마사지하는 것은 온몸을 마사지하는 것과 같다. 나는 지금도 맨발의 촉감을 즐기며 컴퓨터 자판을 두드리고 있다. 맨발을 만지작거리는 그런 심정으로 자판을 두드린다. 우리는 가장 행복하고 여유 있는 순간에 맨발로 있다. 맨발로 산다.

신발을 신고 사는 사람들에게 바닥은 천한 곳이었다. 천하게 여긴 발바닥과 만나는 곳은 천할 수밖에 없었다. 바닥에 직접 몸을 비비대고 잠자는 것은 거리의 천사나 천사도 못 되는 부랑자들뿐이었다. 그러한 문화권에서 사람의 소중한 몸이 잠드는 침대가 바닥에서 멀리 떨어지려고 하는 것은 당연한 일이었다. 19세기까지만 해도 유럽 사람들에게 침대 높이는 권위와 고귀함의 상징이었다. 요셉 브뤼레는 그의 저서 『프랑스의 심장부, 모르방 지방』에서 높이가 낮은 침대는 극도의 빈곤 상태를 보여 준다고 기록하였다. 다음은 그 한 부분을 옮긴 것이다.

"사람들은 마을에서 가장 높은 침대, 가장 반듯한 사각 침대의 소유자가 누구인가를 겨루었다. 침대에서 자려면 상자나 의자 위로 기어 올라가야 했다."

맨발 문화권에서 바닥은 맨발과 더불어 소중한 곳이었다. 그래서 화려한 카펫 공예가 발달하였으며 바닥은 섬세한 감촉을 가진 재료로 마감되고 쾌감을 주는 온도로 관리되었다. 바닥은 집에서 가장 감각적인 부분이 되었으며 온몸으로 만나는 품이었다. 여기서는 강아지가 아닌 사람이 얇은 요를 깔고 잠을 잔다. 강아지는 마루 밑으로 들어가거나 부뚜막으로 올라가는 수밖에 없었다.

바닥과의 친화력은 이 문화권이 만드는 집의 모든 것에 영향을 미쳤다. 가구는 낮아졌고, 창문의 하인방[1]도 낮아졌다. 한국의 민가에 있는 개구부는 앉아서 보면 창문이고, 서서 보면 문이 된다. 대청 마룻바닥은 그 자체가 침대도 되고 걸터앉으면 걸상이 된다. 때로는 밥상도 되고, 때로는 책상도 된다. 얼마나 고마운 바닥인가.

### 잠자리의 세계사를 살펴보다.

고구려 시대의 온돌은 기다랗게 늘어난 부뚜막 끝에 빨부리처럼 구부러진 굴뚝이 붙어 있는 외고래[2] 온돌이었다. 부뚜막에 누런 유약을 바른 것까지 있었지만 침상으로 쓰기에는 너무 좁아서 걸상처럼 걸터앉아 언 몸이나 녹이는 데 사용하지 않았나 생각된다. 초기의 외고래 온돌은 직접적인 피부 접촉보다 집 안 전체에 열을 공급하는 난로 같은 역할이 더 중요시된 장치로 여겨질 수도 있는데, 일자형 외고래 온돌이 ㄱ자형 외고래 온돌, ㄱ자형 두고래 온돌로 발전하여 침상과 같은 넓이를 확보하며 잠자리로 쓰이게 된 것이다. 한편 걸상에 걸터앉은 사람이나 평상에 가부좌를 틀고 앉아 있는 사람의 모습이 고분 벽화에 보이는 것을 보면, 입식과 좌식 생활이 병행되었음을 알 수

---

[1] 창이나 문의 아래쪽을 가로지르는 부재를 말한다.

[2] 고래는 온돌의 구들장 밑으로 나 있는 고랑으로, 불길과 연기가 고래를 통해 빠져 나간다.

고구려 고분 벽화에 나타난 외고래 온돌의 원형. 길게 늘인 부뚜막에 빨부리 모양의 굴뚝이 붙어 있다.

있다. 발해의 상경용천부[3] 궁성의 살림집 터를 보면 외고래 온돌과 두고래 온돌이 함께 사용되고 있고, 가장 큰 방은 방바닥 면적의 1/3 정도를 온돌이 차지하고 있다.

온돌은 조선 후기에 와서야 한반도 전체의 보편적인 잠자리로 정착하게 된다. 그것이 현대 주택에서는 패널히팅으로 일반화되고, 그 위에 다시 침대를 놓고 입식 생활을 하는 이중적 생활 방식까지 등장하였다.

그러니까 역사의 전말로 보면 침대가 전혀 생소한 취침 장치는 아닐지도 모른다. 베이징 자금성의 곤녕궁(坤寧宮)에는 청나라 황태자의 신방이 있다. 이 신방에는 남쪽 창가에 붙은 붙박이 침상이 병영의 침상처럼 길이 방향으로 설치되어 있고, 그 위에 머리를 마주하고 두 개의 보료가 따로따로 놓여 있다. 양심전에 있는 황제의 침궁도 마찬가지였다. 아마도 따스한 햇볕을 좋아하여 두 개의 요를 모두 창문 쪽으로 배치한 모양이다. 서구식 더블베드나 트윈베드에 익숙해진 눈에는 그것이 기이한 느낌을 주었다.

황제의 용상(龍牀)은 별도로 있는데, 이것은 캐노피(canopy)[4]가 달린 감실(龕室)형이다. 이화원의 광서황제 침궁도 감실형이다. 중국의 침대는 대개 이런 유형이었다. 감실형은 영어로 베드 알코브(bed-alcove)라 불리는데 천장이 낮은 안정된 취침 공간을 효과적으로 제공하는 방식으로 평가되고 있다. 이것은 부부용뿐만 아니라 큰 방을 공유하면서 작은 개인 공간을 만들어 줄 수 있다는 점에서 아이들을 위해서도 좋다.

[3] 발해의 행정구역인 5경 중 하나로, 멸망 전까지 발해의 수도였다. 현재 중국 흑룡강성 영안시 발해진 일대이다.

[4] 문이나 창문, 침대, 제단 등의 위를 가리는 지붕처럼 돌출된 것 또는 덮개를 말한다.

어떠한 야만인도 침대에까지 신발을 신은 채로 올라가지는 않는다. 그것은 침대가 보편적으로 가장 문명적인 생활 장치라는 것을 의미한다. 침대는 온 세계인이 맨발이 될 수 있는 유일한 공간인 것이다. 그만큼 소중한 곳이다. 침대가 놓이는 공간과 그 주변은 독특한 창의성이 개입될 수 있는 특별한 관계를 형성한다. 침실의 크기가 여유가 있으면 침대가 한 단쯤 높은 곳에 배치되는 것도 재미있고, 선반이나 캐노피에 의해 낮은 천장을 유지하는 것은 안정감을 준다. 천장이 높은 구식 서양 주택에서는 궁전처럼 닫집 침대(canopy bed)가 당연히 쓰인다. 작은 방에서 침대를 아예 방 한가운데 놓고 화장대나 책상, 수납장과의 관계를 긴밀하게 설정하여 공간을 매우 효율적으로 사용할 수도 있다. 이럴 때 침대는 약간 넓고 긴 의자 같은 모습이 된다. 평상이라고 생각해도 좋다.

침대에서 바라보는 경치는 가장 부드러운 화면을 구성한다. 그 장면은 사람의 꿈속으로도 들어온다. 그것은 집이 은밀하고 특별한 축복을 개인에게 선사하는 순간이다.


<u>모둠잠과 따로잠의 조화가 필요하다.</u> 미국의 농촌 주택은 우리처럼 옹기종기 모여 있는 것이 아니라 듬성듬성 떨어져 벌판 같은 자기 영역을 지키고 있다. 영역에 대한 개념은 절대적이어서 돼지새끼 한 마리라도 경계선을 넘어오면 가차 없이 총을 쏜다. 그들은 따로 살고 따로 잔다. 공동생활에 대한 의식과 도덕심은 우리보다 훨씬 앞서 있음에도 불구하고 개인의 영역은 철저

한 따로국밥이다.

한국에서는 온돌 위에 커다란 이불을 펴고 온 형제가 강아지처럼 옹기종기 모둠잠을 잔 경험이 보편적이었다. 그래서 설사 남의 몸을 좀 건드렸다 할지라도 얼른 "Excuse me!"가 나오지 않는다. 건드리고 사는 것은 예사로운 일이니까. 그러나 미국에서 지나가는 사람을 함부로 툭툭 건드렸다가는 언제 총알받이가 될지 모른다. 미국은 서구에서도 따로잠이 가장 철저하게 관념화된 '따로잠 문화권'의 대표적인 종주국이다. 한국은 온돌 덕분에 '모둠잠 문화권'의 종주국이 되었다.

커다란 방에 놓인 침대 위에 아기를 눕혀 놓고 아무리 정성 들여 굿나잇 키스를 해 준다 해도 아기는 엄마의 침대로 함께 가는 것이 더 좋다. 영화 「사운드 오브 뮤직」에는 천둥 번개 치는 무서운 밤이 되면 제법 큰 아이들도 엄마의 큰 침대로 모여드는 장면이 나온다. 한국인의 눈으로 보면 따로잠을 잘 수 있는 서양 사람들이 참 독종으로 보인다.

창호지를 뚫고 들어온 은은한 햇살이 노란 장판을 환하게 비추던 온돌방, 이는 바로 정(情)이었다. 온돌의 정은 온몸으로 전달되는 정이다. 그래서 한국인은 정이 많았고 무슨 일이나 비비대며 해나가기를 좋아했다. 비비대기는 비빔밥을 만들고 나물 무침도 만들었다. 예민한 촉각 문화를 이룩했다. 여름밤 저녁이 되면 우리는 삶은 옥수수라든가 볶은 콩이라든가 혹은 수박을 가지고 모깃불 연기 자욱한 시골 마당에 평상을 내다 놓고 모였다. 사람이 많으면 평상 하나로는 모자랄 지경이었다. 그 저녁에 우리는 샤워 시설이 없어도 최소한 발은 씻었으며, 시원하게 등물을 끼얹기도 했다. 수박을 갈라 먹고 옥수수를 까먹으면서 도란도란 시작된 얘기는 밤이 깊어지면 어느새 너나없이 기다랗게 코고는 소리로 변했다. 불현듯 오줌이 마려워 깨면 은가루를 뿌린 듯 별들이 펼쳐져 있는 찬란한 밤하늘이 놀라운 모습으로 말없이 내려다보고 있었다. "그새 잠이 깼냐? 아까는 정신없이 먹어대더니만." 하고 말을 걸 듯이……. 이것이 모둠잠을 자던 우리들의 구수한 추억이다.

그런데 서양의 섹스라는 귀신이 나타나면서 이러한 추억은 불편한 기억으로 변하고 말았다. 사람들은 단둘만의 따로잠을 위해서 눈에 불을 켜고 구석을 찾았다. 그들을 비난하기 위해 이 글을 쓰는 것이 아니다. 구석(alcove)을 찾는 사람들을 용서하자. 사람은 자기만의 구석이 있어야 사람다워진다. 자기 구석을 가지지 못하고 자란 사람들은 자신의 정체성에 대한 의식이 결핍되기 마련이다. 한국인들에게 그러한 현상은 이미 두드러지게 나타나고 있다. 그래서 사랑의 의식이 고양되어 승화되는 과정에서는 상당한 장애도 겪는다. 한국인의 사랑에는 언제나 미숙아적인 비린내가 약간씩 풍긴다. 일하는 사람을 대할 때도 피부적인 접촉을 등한히 하면 금방 소외감을 느끼고 뒤돌아선다. 이성적인 가치 판단보다는 대고 비비는 쪽에 정의가 있다고 쉽게 생각하는 경향이 있다.

만약 이러한 문제가 사고력과 정신적 성숙으로 극복된다면, 온몸으로 체험하고 인식하는 것에 익숙한 한국인의 체질은 전인적 문화 체계를 구축하는 데 기여하게 될 것이다. 온몸으로 인식하는 한국인의 특성은 세련된 조형 감각을 발달시켰다. 폭포 앞에 마주 서서 폭포의 소리를 극복하는 한국 특유의 가창력은 적어도 아시아에서는 가장 뛰어나다. 관광버스 안에서 마이크 잡고 노래 뽑는 국민은 전 세계에서 이탈리아와 한국밖에 없다고 한다. 노래방이란 별난 공간이 편의점만큼 많이 번져 나가는 풍류의 나라 한국, 그 특질은 온돌 문화의 전체적 체감성(體感性)에서 비롯된 것으로 보인다.

정체성이 지나치면 비정한 품성을 가지게 되고, 정체성이 결핍되면 비겁한 품성을 가지게 되는 경향이 있다. 한국인은 비정한 사람보다 비겁한 사람이 더 많아 보인다. 모둠잠과 따로잠이 빚어내는 사회학적 드라마요, 메커니즘이다. 지나친 모둠잠도 정신 건강에 좋지 않고 지나친 따로잠도 정신 건강에 좋지 않다. 적당한 평형 감각이 필요하다. 여기서도 우수한 칵테일을 빚을 수 있는 유능한 바텐더의 출현이 요구된다. 마당과 구석이 적절한 균형과 대화를 이루는 조화가 바로 방이며 집이다.

## 붉은 집 Red House

영국의 디자이너이자 사회주의 운동가였던 윌리엄 모리스(William Morris, 1834~1896)는 25살에 결혼하면서 그의 아내를 위해 신혼집을 짓는다. 그것이 바로 붉은 벽돌을 이용해 만든 '붉은 집'이다. 그는 산업 혁명이 불러온 기계화와 대량 생산된 상품의 저급성에 강하게 반발하며 중세의 노동과 조화를 이뤘던 공예의 아름다움을 동경한다. 그렇게 시작된 것이 모리스를 중심으로 한 '미술공예운동(Arts and Crafts Movement)'으로, 전통적인 수공예품의 부활과 대중화를 추구한 근대 미술 사조다.

1860년 런던 근교의 벡슬리히드(Bexleyheath)에 지어진 붉은 집은 미술공예운동의 선구적 작업이며, 역사상 첫 번째 근대 주택으로 간주된다. 모리스와 친한 건축가 필립 웨브(Philip Webb, 1831~1915)가 건축 설계와 가구 디자인을 맡았고, 화가인 에드워드 번 존스(Edward Burne-Jones, 1833~1898)와 단테 가브리엘 로세티(Dante Gabriel Rossetti, 1828~1882), 그리고 모리스 자신은 벽지와 타일, 스테인드글라스, 커튼, 벽화 등 주택 내·외부의 다양한 디자인을 맡아 손수 제작, 설치했다.

완공 당시 붉은 집은 대담하고 독특한 모습으로 눈길을 끌었다. 그때는 벽돌을 쌓아 외벽을 만들더라도 그 위에 회반죽 마감을 하는 것이 보편적이어서, 붉은 벽돌을 그대로 노출시킨 외관 자체가 생소한 것이었다. 평면은 기능에 의해 비대칭의 L자형으로 구성되었는데, 당시 지배적이었던 신고전주의 양식의 좌우대칭이나 비례감과는 거리가 멀었다. 창문 역시 입면의 디자인 요소라기보다는 내부의 기능에 따라 모양과 크기, 위치를 달리하며 다양하게 계획되었다. 모리스의 낭만적 유토피아주의와 웨브의 실용적 상식이 절묘하게 결합된 붉은 집은 근대 주택의 효시로 평가받으며, 건축 및 디자인사에서 중요한 위치를 차지하고 있다.

# 마당은 집의 고리다

<u>마당은 보따리 문화의 산물이다.</u>　　한국인의 의식주는 온갖 보자기에 싸여 있고 담겨 있다. 이 보자기를 다 걷어치우면 우리네 살림살이에는 아무런 얘깃거리도 남지 않는다.

우선 우리가 먹는 음식의 형태가 보따리식이다. 김치는 한 포기의 배추를 보자기 삼아 소금, 고추, 파, 마늘, 생강, 젓갈, 생선, 무채 등 상상이 가능한 모든 것들을 다 집어넣고 발효시킨 것이다. 개중에는 양념 넣은 배추를 정말 보자기 묶듯이 동여매어 뒀다가 먹는 보쌈김치도 있다. 영계백숙을 하더라도 닭의 몸뚱이를 보자기 삼아 찹쌀, 인삼, 밤, 대추, 마늘 등 갖은 재료를 그 속에 넣어 실로 묶은 다음 푹 삶아서 먹는다. 실로 이런 방식은 양념을 넣거나 소스를 치는 것과는 차원이 다른 것이다. 한국 특유의 뜨거운 탕반류 — 설렁탕, 곰탕, 갈비탕, 내장탕, 도가니탕, 육개장 등도 보따리식으로 별의별 것을 다 집어넣고 고아 낸 탕국이어서 서양의 크림스프 같은 단일한 맛을 가지고 있지 않다.

우리와 유사한 문화적 맥락에 있는 일본과 비교해 보자. 가장 일본적이라는 교토 요리의 특징은 음식을 구성하는 소재의 고유한 맛과 색, 향을 살리는 것이라고 하는데, 한국 요리는 보따리식이어서 그런 것과는 거리가 멀다. 전체가 두루뭉수리로 하나의 음식 체계만을 구성한다. 그런데도 개별적 소재의 특유한 맛은 완전히 사라지지 않고 남아 있어서 별미를 맛보게 한다. 한국인이 주로 먹는 된장찌개, 김치찌개도 보따리식 음식의 범주를 넘지 않는다. 비빔밥이야 말할 것도 없다. 중국 음식도 한국에 들어오면 짬뽕 같은 보따리식 음식으로 둔갑해야 잘 팔린다.

우리는 유난히 쌈을 싸서 먹기를 즐기는데, 다른 나라 사람들처럼 얇은 밀전병에 속을 넣어 싸 먹는 정도가 아니라 상추, 배추, 깻잎, 쑥갓, 호박잎, 김 등 온갖 소재를 동원해서 즉석 보따리를 만들어 먹는다. 고깃속 같은 것은 없어도 맛있기만 하다.

음식만 그런 것이 아니다. 한복도 가만히 관찰해 보면 보자기의 변형으로 이루어져 있음을 알 수 있다.

한복의 바지는 허리띠와 대님으로 묶어야 비로소 옷 같은 모양을 드러낸다. 그전에는 그저 자루 같다. 저고리나 두루마기도 끈으로 묶는 시늉을 해야 옷이 된다. 사람의 몸을 보자기로 싸는 형국인 것이다. 한복의 공간은 기능 분화가 이루어지지 않아서 원래 주머니라는 것이 없었다. 그래서 대님으로 묶은 바짓가랑이에는 밤도 들어가고 도토리도 들어가고 팽이도 들어가곤 했다. 통째로 주머니 역할을 한 것이다. 점잖은 선비의 넉넉한 도포 소매에는 벼루도 들어가고 청자연적도 들어가고 붓, 종이 등 온갖 문방구들이 들어갔다. 주머니로 사용하는 것은 입는 사람 마음에 달려 있었다.

여자들의 치마는 뒤집어쓰면 외투가 되기도 했는데, 세상이 보기 싫을 때는 정말 자루처럼 둘러쓰고 물속으로 들어가기도 했다. 보자기란 주인이 마음먹기에 따라서 창조적인 용도를 만들어 내는 특징이 있다.

보따리 문화의 총아는 역시 보자기이다. 한국의 아낙네들은 쓰다 남은 천 조각을 모아 두었다가 모자이크 보자기를 만들어 대를 이어 내렸다. 이 조각보의 예술적 수준은 믿을 수 없을 정도로 대단한 것이어서 현대 회화의 안목으로 보아도 세계적인 수준급이다.

그 보자기가 주거 공간에 나타난 것이 곧 마당이다.

### 마당은 공간을 엮는 고리다.

칸과 칸이 모여 채가 되고 채와 마당이 어우러져 집을 이루는 것이 한국의 건축이다. 칸에는 온돌칸과 마루칸이 있어 음양을 이루고, 안마당은 안채가 에워싸며 행랑 마당에는 행랑채가 따르고 사랑채는 사랑 마당을 거느린다. 전통적인 한국의 집은 독자적 얼굴을 가진 전체에 부분이 종속되는 조소적 특징이 없고 집과 집이 연쇄적으로 고리를 만들어 가는 한 무리의 얼개만을 보여 준다. 엮어 내는 방식이 결과적인 형태의 아이덴티티를 남길 뿐이다. 이런 집 짓기는 마치 사슬을 꿰어 가는 것 같은데, 여기서 가장 중요한 역할을 하는 것은 마당이라는 고리이다.

마당은 공간의 고리이자, 공간의 보따리이다. 마당은 중정(中庭)이 아니다. 세계 어느 나라의 건축에나 중정은 있다. 서구의 모든 나라뿐만 아니라 중국, 일본 등 동양권을 포함한 세계 대부분의 주거 형식은 모든 시대에 걸쳐 중정을 중심으로 만들어졌다. 중정 양식은 방어에 용이할 뿐만 아니라 환기와 채광, 관리에도 유리한 점이 많아서 인류가 가장 보편적으로 애용해 온 주거 형태이다. 그러나 마당은 한국에만 있다.

중정은 에워싸인 안마당과 비슷한 형태지만, 마당은 전통 민가의 일자(一字) 집 앞에도 있다. 마당은 꼭 에워싸여 있어야 할 필요는 없다. 마당은 표면 장력을 가진 동그라미처럼 구심력을 가진 공간이다. 마당은 집이라는 사슬을 만드는 하나의 고리이다. 때로는 이 고리 중 큼직한 놈 하나가 뚝 떨어져서 저 혼자 큰일을 해낼 때도 있다. 마당극을 벌이는 마당은 아무 데나 멍석만 깔면 생겨나는 것이다. 멍석이 없을 때도 그저 마당이라고 불러 주면 된다.

<u>마당은 빈 그릇이다.</u>  무언가가 담기기를 기다리고 있는 빈 그릇, 그러나 무엇이 담길지에 대해서는 까탈을 부리지 않는 그릇이 마당이다. 마당이 담는 것은 공간만이 아니다. 시간도 담는다. 마당극에서는 한 마당, 두 마당……, 시간의 단락을 마당으로 표현한다. 또한 "이런 마당에……"라는 말로 한국인은 시간과 공간과 상황의 어떤 특이점을 한꺼번에 모아서 표현하기도 한다. 마당은 기능이 분할되기 이전의 통일장의 공간이며 동시에 시공간(space-time)이다. 마당은 시원(始原)의 장(場)이다.

일본의 건축에는 마당이 없다. 그들은 "이것은 이것이다."라고

못 박아야 마음이 놓이는 사람들이다. 그래서 그들은 마당을 남겨 두지 않는다. 그들의 집에는 아름다운 정원은 있지만 마당은 없다. 그들의 정원은 무엇인가로 가득 차 있으며 조약돌의 무늬, 몇 장의 낙엽까지 미리 의도되고 설계된다. 즉 철저히 분할되고 정제되어 있다. 그들은 가능하다면 바람의 세기나 구름의 모양까지 한정시키려 할 것이다. 그들은 관찰자나 사용자에 의해 임의로 의미가 도출되고 융통되는 그림을 허용하려 하지 않는다. 그들의 문화 전반에 깔려 있는 이러한 특성을 비판하려 하는 것이 아니다. 그것이 우리와 다른 어떤 것이라는 점을 말하려 할 뿐이다.

 일본 집의 내부는 장지문에 의해 가변적 크기로 확대되거나 축소되는 모듈화된 형식으로 현대 건축의 인테리어, 특히 업무 공간의 인테리어에 많은 영향을 끼쳤다. 그 공간은 비어 있는 것처럼 보인다. 그러나 자유롭게 비어 있는 것이 아니다. 이러이러하게 쓰여야만 한다는 잠재적인 약속이랄까, 눈에 보이지 않는 설정으로 메워져 있다. 우발적 선택성이 개입될 소지는 별로 없다. 비어 있는 것 같지만 실은 어떤 규범으로 가득 채워져 있는 것이다. 거기에는 한국인이 견뎌 내기 힘든 긴장이 있다. 무엇이든 해도 될 것 같지만 무엇을 해도 마음이 편하지가 않은 것이다. '적당히'라는 개념이 그들의 사전에는 없다. 그래서 그들은 산업 사회에 일찍 적응할 수 있었는지 모른다. 사실은 적응이 아니라 산업 사회야말로 그들의 타고난 체질에 딱 맞는 그들의 시대였던 것이다.

 서구의 정원은 오히려 일본의 정원보다 더 많은 여백을 가지고 있다. 우리의 눈에는 덜 답답해 보인다. 그러나 그들의 여백에는 자유가 없다. 그 여백은 비어 있도록 기능이 한정된 것뿐이다. 그것 또한 마당은 아니다.

논리가 지배하는 건축에는 마당이 없다. 마당은 대단히 원생(原生)적인 시공간의 단위로서 쪼개기 시작하면 사라진다. 마당은 심정의 산물이다. 보자기를 던져 주는 편하고 넉넉한 마음이 마당을 만든다. 마당은 선사 시대의 심정(心情)이 그려 나갔던 공간의 동그라미와 같은 것이다. 논리적인 이유로 그 동그라미들은 가시적인 범위에서 사라졌지만, 그것이 무형의 존재로 살아남아 있는 것이 마당이다. 한국의 전통 민가는 크고 작은 마당의 연속적인 사슬에 의해 지어졌다. 마당은 우리가 굳이 마당이라고 이름 붙인 외부 공간에만 있었던 것이 아니다. 우리들의 안방, 그 안방을 차지하던 둥그런 밥상, 무엇을 해도 시원하던 대청마루, 윷놀이를 위해 펼쳐 놓았던 보료나 멍석, 옹기종기 모여 앉은 평상이나 툇마루 어디에나 마당은 있었다. 마당은 생명의 포말 같은 것이었다. 우리가 둘러앉은 곳에 마당이 있었다.

한국인의 뇌리에 가장 일상적인 형태로 남아 있는 근대 도시형 민가의 안마당을 살펴보자. 한편에는 장독대가 있고, 또 한쪽에는 수도가 있어서 찬거리도 씻고 빨래도 하고 세수도 하고 야밤에는 목욕도 했다. 안마당은 항상 시원하고 편안해 보였다. 저녁을 먹고 나서 어떤 이는 대청마루에 걸터앉고 어떤 이는 툇마루에 걸터앉아 노래를 부르면 마당은 노래방도 되고 거실도 되었다. 그렇게 화기애애하고 널찍하게 쓸 수 있는 거실이 지금 어느 호화 주택에 있을 수 있겠는가? 마당에서 보는 밤하늘에는 별도 있고 눈이 오면 눈발도 떨어졌지만 에워싼 공간이 찬바람을 막아 주어서 벌판처럼 춥지는 않았던 것이 우리네 마당이었다. 잔치가 있을 때는 돗자리를 깔고 차일을 치면 마당은 이미 훌륭한 연회실로 변하여 밤새 웃음소리와 놀이 소리로 가득 차곤 했다.

안마당은 사실 외부 공간이 아니다. 마당의 속성은 그것이 어디에 있든 내부 공간적 특성을 나타낸다. 마당은 빈 공간이지만, 텅 빈 공간은 아니다. 마당은 공간의 원초적 생명을 싸안고 다닌다. 생명이 없는 공간은 마당이 아니다.

마당이 사라지고 있다.         이 마당이 사라져 가고 있다. 심정의 보자기는 사라지고 칸막이가 잘된 가방이 그 자리를 메우고 있다. 사라지고 있는 것은 마당뿐이 아니다. 심정의 소리 그 자체가 사라지고 있다. 그 대가로 우리가 얻을 수 있는 것은 잘 손질된 근대식 납골당이다. 사람이 집의 기능을 사전에 확실히 설정하고 구획하고 분할할 수 있다는 생각 자체가 생명에 대한 외경심의 결핍에서 연유된 것이다. 생명은 항상 미지의 것, 그 미지의 것이 전혀 뜻하지 않은 모습으로 우리의 공간을 새로이 채워 주고 풍요롭게 해줄 수 있도록 빈 그릇을 남겨 두어야 한다. 여기서 '뜻하지 않은 모습으로'라는 말은 대단히 중요하다. 우리는 모든 것을 '뜻할' 자격이 아직 없는 미숙한 진화의 단계에 있음을 시인해야만 하는 것이다.

인간은 만물의 영장이 아닐지도 모른다. 대단히 어려운 확률에 의해서 만들어진 이 기적의 별, 지구에서 공룡이 멸종한 지 6천5백만 년이나 지난 이 세기에도 온 사방이 아직 치기 어린 근육질의 과시로 가득 차 있는 것을 직시해 보면, 인간이 집을 말하는 것이 얼마나 불경한 일인가를 알 수 있다. 인간이 말할 수 있는 것은 집이 아니라 '우리(cage)'일지도 모른다. '사람 우리' 말이다. 그래서 사람들은 집보다는 우리 만들기에 더욱 열중하고 있는 것일까? 분수를 지키느라고 번쩍거리는 우리를 만들고 있는 것일까? 비싸게 팔 수 있는 우리를 만들고 있는 것일까?

문명이 부정되어서는 안 되지만 인간의 삶을 철저히 기계적으로 분석하고 그 몸에 꼭 맞는 옷을 재단하려 하는 근대적 합리주의의 문제는 분명히 지적되어야 한다. 몸에 꼭 맞는 옷을 만들려다 보면 몸에 꽉 끼는 옷이 되고야 말 것이며, 결국은 몸을 조이는 옷이 남게 될 것이기 때문이다.

우리는 삶의 질과 공간의 질, 삶의 가능성과 공간의 가능성에 대한 심정의 눈을 가져야 한다. 무릇 생명을 가진 것은 심정의 눈을 가지지 않으면 보이지 않는다. 마당은 수학으로 파악될 수 있는 것이 아니라 심정의 눈으로 파악될 수 있는 공간이다. 생명이 있는 곳에 마당이 있다. 마당이 있는 곳에 인간적인 재미와 삶의 흥건한 체취가 있다.

마당의 개념을 말로 전하고 설명하다 보면 추상 세계로 들어가 버린다. 그런데 우리에게 실제로 있었던 마당은 대단히 구체적이고 실존적인 것이었다. 마당은 쓰기 편한 개념이지 어려운 개념이 아니다. 전체적 개념, 전체적 방법론은 그러한 아이러니를 가진다. 그것은 전체적 생명을 많은 부분적 요소(element)로 분해했다가 재조립함으로써 이해시키는 것이 아니라, 큰 생명을 작은 생명의 통합으로 이해시키려는 방법이기 때문이다.

# 🏠 르코르뷔지에 Le Corbusier, 1887~1965

『타임』지가 선정한 '20세기를 빛낸 100인'에 건축가로는 유일하게 이름을 올린 르코르뷔지에는 스위스 태생의 프랑스 건축가다. 화가로도 활동한 그는 건축뿐만 아니라 가구 디자인부터 도시 계획에 이르기까지 폭넓은 작업 스펙트럼을 펼쳐 보이며, 근현대 건축에 적용되는 많은 이론을 만들어 냈다.

"집은 인간이 살기 위한 기계"라는 그의 선언은 인간을 위한 혁신적이고 합리적인 건축을 추구한 그의 신념을 잘 보여 준다. 단순한 기능주의를 넘어 인간이 쾌적하고 편안하게 생활할 수 있는 최적의 공간을 구현하기 위하여 끊임없이 탐구한 그는 시대를 앞선 이론과 작업으로 당시에는 많은 비난을 받기도 했다. 하지만 그를 빼고 현대 건축을 논할 수 없을 정도로 그가 남긴 영향력은 막대하며, 건축사는 그를 새로운 지평을 연 건축가로 기록하고 있다. 2016년 그의 작업 중 17개의 건축물이 유네스코 세계문화유산에 등재되었다.

chapter 3

# 집은,
# 지혜로
# 짓는다

# 계단은 또 다른 마당이다

<u>우리 민족은 계단을 싫어했다.</u> 우리나라 곳곳에 수많은 탑들이 세워져 있지만 탑 위로 올라가는 사람은 아무도 없다. 우리의 탑은 그것이 몇 층이든 상관없이 밑에서 그냥 바라보는 탑일 뿐이다. 갈릴레오가 실험을 하던 탑과는 전혀 다르다. 우리의 탑 내부에는 계단이 아예 없다. 계단을 원하는 사람이 없기 때문이다. 이탈리아와 캅카스(Kavkaz)[1]에는 망루를 닮은 요새형 탑상 주택까지 있었는데, 이는 왜일까?

근대식 소방서가 생기기 전까지 망루라는 것도 그리 높지 않았다. 망루의 흔적을 찾아볼 수 있는 예로서 유일하게 남아 있는 경복궁의 동십자각은 3층 정도의 높이에 지나지 않는다. 우리에게는 방어적 개념이 없었기 때문일까? 천만의 말씀이다. 고구려 때부터 궁성 이외에 별성으로 산성(山城)이 꼭 있어서 유사시 지휘 벙커 역할을 할 수 있도록 대비했다. 농경 사회를 정착시킨 유일한 몽골리안인 한국인은 한번도 남의 나라를 공격해 본 일이 없을 뿐만 아니라 대단히 방어적으로 살았다. 예부터 우리는 길이 넓

[1] 카프카스 또는 코카서스(Caucasus) 등으로 불린다. 러시아 남부, 카스피해와 흑해 사이에서 유럽과 아시아의 경계를 이루는 지역을 말한다.

으면 방어가 어렵다 하여 국도(國道)의 너비를 어명으로 제한하였다. 그것이 우리나라를 가난하게 만드는 데 결정적 역할을 하였음에도 불구하고 국도를 넓히는 것은 특별한 허가 사항이었으며, 중앙 정부의 허락 없이 임의로 길을 넓혔다가 처벌을 받은 고을 수령도 있었다.

일본은 어떠했는가? 우리나라에서는 비슷한 유형조차도 찾아볼 수 없었던 탑상성채(塔狀城砦)를 가지고 있었다. 복원되어 있는 오사카 성 같은 것이 그것이다. 이러한 성채는 다분히 봉건 유럽의 성채와 유사성이 더 많아 보인다. 성주(城主)는 수많은 층으로 이루어진 이 성채의 맨 꼭대기에 머문다. 따라지 병졸은 맨 아래 1차 방어선에서 싸우다가 파리 같은 목숨을 날린다. 1차 방어선이 무너지면 목숨을 건진 병졸들은 그 다음 층으로 쫓겨 올라가 급수가 높은 예비 병력과 함께 2차 방어선을 구축한다. 2차 방어선이 깨지면 또다시 그 위층에 3차 방어선이 형성되고 방어선의 길이는 자동적으로 줄어들어 전사한 숫자를 보상해 준다. 위층으로 올라갈수록 따라지들은 순서대로 죽어 없어지고 병력은 점점 더 정예화된다. 마지막에는 드디어 성주가 칼을 빼든다. 이런 식의 시나리오가 일본식 성채 개념에는 깔려 있다. 방어적 개념에서 보면 대단히 치밀하고 합리적인 구성이다. 더구나 성주가 자리 잡은 맨 꼭대기 층은 가장 멀리 볼 수 있는 망루가 되어 성주는 적의 침입을 가장 먼저 포착할 수 있는 기회를 가진다. 이른바 고급 정보를 독점할 수 있는 것이다.

이러한 건축이 우리에게는 나타나지 않는다. 우리나라는 봉건

위 / 캅카스 지방의 탑상 주택 유적.

왼쪽 / 고대 로마의 아파트, 인슐라. 6~7층 또는 그 이상의 고층 건축물로, 1층은 주로 상업 시설이었다.

사회가 아니었고 성주도 없었던 중앙 집권적 관료 사회였으며, 지방 성곽을 지켰던 것은 월급쟁이 관료들이었다. 월급쟁이들이 만약에 이런 성채를 생각해서 만들었더라면 해고감이었을 것이다. 어쩌면 대권을 넘보는 잠재적 모반 음모죄, 괘씸죄 등을 뒤집어쓰고 진짜 목이 날아갔을지도 모르는 일이다.

어쨌든 망루라는 것도 변변히 없던 우리 민족은 정보의 속도를 둔하게 하였으며, 오로지 길을 좁히거나 끊음으로써 외적이 들어오는 데 다소 불편을 주는 것으로 만족하는 소극적 방어법에 안주하고 살았다. 그래도 불편을 이겨내고 적이 꾸역꾸역 기어들어 오면 강화도로 도망을 가든지 산성으로 숨으면 그만이었다.

왜 우리에게는 망루가 없었던가? 그것은 우리 민족이 계단을 싫어했기 때문이다. 일본 집에는 사다리 비슷한 것이긴 해도 계단이 있었다. 따라서 이층집도 있었다. 계단이 없었다면 오사카 성이 어떻게 지어질 수 있었겠는가? 그러나 우리에겐 다락과 같은 특수한 경우를 제외하고는 이층집이라는 것도 존재하지 않았다. 가난했기 때문일까? 그것은 아니다. 가난한 사회일수록 고밀도의 주거 형태가 필요하고, 많은 계단이 필요한 법이다.

로마 상류층의 살림집 도무스(domus)는 단층이었지만, 서민들이 살던 인슐라(insula)는 10층짜리도 흔히 있었다. 지금도 대체로 잘사는 사람들일수록 땅에 바짝 붙어서 산다. 펜트하우스(penthouse)의 경우만 예외다. 그런데 땅 좁고 가난했던 한국인들은 왜 임금님처럼 단층집만 고집하며 살았을까?

평원의 문명은 높은 망루를 필요로 하였다. 그것은 필요로부터 출발하여 기호로 발전하였다. 가도 가도 책받침처럼 납작한 벌판이 끝없이 펼쳐진 대륙을 여행해 보면 전망대처럼 높은 공간을 선호하는 심정을 이해할 수 있다. 이것이 탑상 주택과 높은 성채와 마천루의 도시를 만든 또 하나의 이유는 아니었을까? 수많은 미나레(minaret)를 세운 사막 문화의 비밀은 아니었을까? 평원에 지친 사람들에게 계단은 혐오의 대상이 아니라 즐거움을 주는 장치로 여겨졌을지도 모른다.

서태후의 이화원(Summer Palace)[2]을 보고 이상하게 느껴졌던 점 가운데 첫째는, 창덕궁 후원의 부용정(芙蓉亭)이나 애련정(愛蓮亭)처럼 물과 어우러져 물속에 발을 푹 담그고 서 있는 수중석주(水中石柱)의 형태가 없다는 점이다. 둘째는 114개의 계단이나 올라가야 하는 높은 축대 위에 세워 놓은 까마득한 불향각(佛香閣)이었다. 서태후는 이곳에 자주 올라 치맛자락 밑으로 깔려 보이는 곤명호(昆明湖)의 인공적인 장관을 굽어보며 즐거워했다고 한다. 그것은 권력욕의 공간적 전이(轉移)였을까? 불향각은 본전인 배운전(排雲殿) 바로 뒤에 있었다.

9세기 경 이라크에 만들어졌던 사마라(Samarra)의 광탑(光塔)은 꼭대기에 이르는 나선형의 계단을 빼면 아무 것도 없다. 심지어 난간도 없다. 수많은 계단은 밑에서 아주 잘 보이도록 조성되어 있다. 마야와 잉카와 아즈텍 문명의 유적에도 사방이 온통 계단으로 뒤덮인 피라미드가 있다. 계단은 천국으로 가는 길을 상징하는 하나의 표현이었다.

2 중국 베이징의 이화원(頤和園)은 황실의 여름 별궁이자 정원으로 1750년에 처음 만들어졌다. 1860년 제2차 아편전쟁으로 심하게 파손된 것을 1886년 서태후가 재건하면서 이화원으로 명명했다. 거대한 인공 호수와 60미터 높이의 인공 산을 중심으로 각종 누각과 사원, 교각, 탑 등이 조화를 이루며 중국 정원 조경술의 창조적 예술성을 표현하고 있다.

사마라의 광탑. 9세기 경 건설된 이라크 유적. 계단 자체가 하나의 상징으로 존재한다. 50여 미터 높이의 이 탑을 학자들은 메소포타미아 문명의 신전인 지구라트(ziggurat)로 간주하며, 바벨탑을 모방해 세운 것으로 추정한다.

첨성대. 구조적 안정성과 우아한 곡선미의 조화가 돋보인다.

신라의 첨성대는 탁월한 조형물로 가히 국보급이다. 고려청자를 만들었던 그 감수성이 건축적 스케일로 드러나 있는 것이다. 그러나 처음 보았을 때, 생각보다 낮은 높이에 실망했던 경험을 누구나 가지고 있을 것이다. 애당초 첨성대를 만들 때 그것의 높이는 그리 중요하게 생각되지 않았던 것 같다. 대기오염이 없었던 당시로서 평지에 세우는 첨성대를 무리해서 조금 더 높이 짓는다 하여 별을 관측하는 데 뭐 그리 큰 도움이 되었을 것인가? 아주 높은 장소가 꼭 필요한 일이면 높은 산으로 올라가서 하면 그만이었다.

우리는 인공적인 높은 구조물을 만들려고 애쓸 필요가 없는 나라였다. 자연의 지형이 그러한 망루를 충분히 제공하고 있었으므로 그만한 장소를 물색해서 쓰면 그만이었다. 망루를 만든다고 해도 산이 가려 별로 보이는 것도 없었다. 그런 장소에는 봉화대를 만들어 위기에 대비하였다. 높은 산이 수려하여 고구려라고도 불렸던 우리나라는 이미 수많은 높은 산속에 계단과 다름없는 오솔길이 있었다. 편평한 길만을 걸어 집에 도달하는 것은 드문 경험이었다. 우리는 무수히 오르내리며 살아야 했다. 그래서 한국인은 '집 안에서조차 계단은 이제 그만!'이라고 말한다. 한국인은 인테리어에서 단차 없이 편평한 평면을 유난히 선호한다. 지형 때문에 정히 어쩔 수 없을 때에만 바닥의 굴곡을 받아들인다.

이 점이 현대의 도시 주거를 해결하는 데는 문제를 만든다. 이층집을 지어도 주요 기능이 거의 아래층으로 쏠리기 때문에 면적 배분이 어렵다. 한마디로 도시적인 해결이 되지 않는 것이다. 나는 2층에 집주인을 위한 전용 공간을 만들고, 아래층에 그들의 부모나

자녀 세대를 위한 가족 공간을 만드는 프로그램을 시도하여 성공한 경험을 여러 번 가지고 있다. 그럴 때에도 결국은 계단에 대한 저항감을 없애 줄 방법을 섬세하게 고안해야만 한다.

**계단은 그냥 계단이 아니다.** 힘들이지 않고 오르내릴 수 있는 챌판과 디딤판[3]의 비율, 창의적인 계단참[4]의 개발, 다양하고 유연한 계단 형태 연구 등에 많은 시간을 보낸 적이 있다. 계단참을 여러 번 만들어서 피로를 덜어준다든가, 계단참 곁에 솔라리움(solarium)[5] 비슷한 공간을 만들어서 작은 정원을 꾸미는 방법 등을 동원했다. 계단을 가져 본 경험이 부족한 한국인에게 한국적인 계단의 원형을 찾아줄 수는 없을까 — 라는 생각으로 산속의 오솔길에 저절로 생겨난 자연석 계단을 관찰해 보기도 했다. 그래서 S커브를 가진 계단도 만들었다. 그러고 난 뒤 얻은 교훈은 계단은 그냥 계단이 아니라는 것이었다. 또 계단을 그냥 계단으로만 알고 다루어도 안 된다는 점이었다. 계단은 계단 이상의 것이다.

 계단의 매력에 도취된 나머지, 난간 디테일을 복잡하게 만드는 데 몰두하는 것은 가장 유치한 접근법이다. 중요한 것은 계단에 풍부한 개념을 부여하여 계단 이상의 역할을 할 수 있도록 지위를 격상시키는 일이다. 계단은 아래위를 통하는 움직임을 가능하게 하는 데 그치지 않고, 그것을 축복해 주는 공간이 되어야 한다. 계단은 공간이 4차원적으로 보일 수 있도록 도와주는 곳이며, 움직임이 저절로 춤추듯 일어나게 할 수 있는 역동적인 잠재력을 숨기

[3] 계단에서 발을 딛는 수평 부재를 디딤판이라 하고, 디딤판을 받치는 수직 부재를 챌판이라 한다.

[4] 계단 중간의 폭이 넓은 부분을 말하며, 진행 방향을 바꾸거나 피난, 휴식을 목적으로 설치된다.

[5] 벽면과 천장을 유리로 만들어 햇빛을 충분히 받아 들일 수 있도록 한 공간을 말한다.

고 있다. 계단은 활동성을 촉진시켜야 하므로 밝아야 하고, 빛우물(light well)[6]이나 작은 휴식 공간, 벽감(niche)[7], 실내 정원, 특수한 채광 장치, 외부 공간 등과 다양한 접목을 통해 예기치 않은 경험을 체험할 수 있는 공간이 되어야 한다. 계단에서 사람들은 시선의 오르내림을 주고받으면서 대화를 할 수도 있고 앉을 수도 있다. 계단 하부를 나팔꽃처럼 널찍하게 만드는 것은 보기도 좋지만 앉기에 용이하다. 계단은 그 자체가 매트의 포개짐을 가지고 있어서 조소적인 잠재력도 가진다.

서양 건축사에서 계단은 집에서 가장 매력적인 요소로 사랑받아 왔다. 밖에서든 안에서든 그들은 대단히 아름답고 창의적인 계단을 많이 만들어서 잘 사용했다. 이런 일도 있다. 로마의 어떤 부호가 죽으면서 자기가 시내에 가지고 있던 집과 유산을 로마 시에 내놓았다. 그는 그것으로 시민을 위한 공간을 만들어 주길 바랐다. 시(市)는 높고 낮은 두 개의 도로에 접한 대지의 특성을 이용하여 매우 크고 아름다운 계단을 만들었다. 이렇게 해서 생겨난 것이 유명한 스페인 계단(Scalinata di Trinita dei Monti)이다. 물결처럼 아름다운 곡선을 자랑하는 이 계단은 통로라기보다 사람들이 앉아서 기타도 치고 즐기며 쉴 수 있는 놀이공원이 되었다. 이 계단은 신혼부부의 사진 촬영 장소로도 많이 쓰이는데, 인근에는 명품 브랜드의 고급 상점들이 늘어서 있어서 외화를 챙기느라고 여념이 없다.

세상에는 별난 계단도 많다. DNA처럼 생긴 이중 나선형 계단도

---

[6] 우물 같은 입체적 구조로 빛을 실내로 끌어들이는 공간을 뜻한다.

[7] 벽을 움푹하게 파서 만든 작은 공간이다. 장식을 목적으로 조각품이나 꽃병 등을 놓기도 하며, 종교 건축에서는 신앙의 대상을 안치하기도 한다.

통나무에 톱자국만 낸 소박한 계단.

왼발과 오른발 디딤판을 따로 만들어 사용 면적을 극소화한 계단.

있고, 통나무에 톱자국만 내고 사용하는 소박한 계단도 있다. 챌판 속을 수납 장소로 쓸 수 있게 한 계단도 있고, 왼발 디딤판과 오른발 디딤판이 따로따로 만들어져 사용 면적을 극소화한 계단도 있다. 이런 계단은 디딤판 모양도 네모, 세모, 동그라미 등 다채로운 모양을 구사한다. 계단이 아니라 조각품처럼 보인다.

중세의 성(castle)이 나오는 영화를 보면 멋진 기사가 말을 타고 오르는 계단이 있는데, 경사로와 계단을 결합한 것으로 계단식 램프(stepped ramp)라고 부른다. 캐나다 국립미술관의 주 통로에 이 장치가 효과적으로 사용되었다.

<u>마당이 되는 계단도 있다.</u> 건축가 찰스 무어의 말에 따르면, 계단은 아르키메데스적인 장치이기도 하다. 한 번으로는 불가능한 일을 몇 개의 작은 움직임으로 가능하게 하는 기계적 장치인 것이다. 한 번으로 다 마실 수 없는 술을 여러 번 나누어 마시거나 칵테일로 만들어 쉽고 독특하게 마시는 것처럼. 계단이 거부감과 고통을 주는 이유는 짧은 시간에 많은 에너지를 소모하기 때문인데, 이 점을 해결하기 위해서 건축가는 능숙한 바텐더가 되지 않으면 안 된다. 칵테일 스테어즈(cocktail stairs)! ― 어떤가? 칵테일 같은 계단이 많다면 이 세상은 살맛 나는 세상이 될 것이다.

사전(辭典)에 정의된 계단의 직설적 의미를 초월하여 포괄적 공간으로서의 계단, 때로는 앉을 자리도 되고 무대도 되는 선택적인 마당으로서의 계단이 자라나야 한다. 그것이 집을 재미있게 만드

는 것이다. 하나의 장치는 기계적인 위상을 초월할 때 삶의 동반자인 공간으로서 생명을 부여받는다. 그러한 무한한 가능성으로 계단을 바라보는 지금이 바로 그때이다.

### 열린 계단은 열린 길이다.

계단이 계단실 안에 결박당한 것은 합리주의, 산업화 혹은 건축 법규의 절대적인 영향 때문에 발생된 지난 세기적인 현상이다. 살림집이든 업무용 건물이든, 위층에 별개의 세대가 살거나 별개의 시설이 있을 때 길에 면한 개방된 계단(open stairs)을 마련하는 것은 보편적인 현상이었다. 그러한 계단은 길의 연장으로서 도시의 흐름을 확장시키는 대단히 중요한 역할을 했다. 또한 아름답고 다양한 조형적 형태와 많은 재미난 구석과 공간의 로맨스(romance)를 만들었다.

현대 건축에 와서 이런 재미는 사라져 버리고 말았다. 만일 도로에 면한 개방된 외부 계단을 가지는 건물에 법규적 보너스를 주는 제도를 시행한다면, 재미없는 현대 도시 서울의 길거리(street)는 지금보다 최소한 두 배 이상의 재미난 공간을 창출해 낼 수 있을 것이다.

열린 계단은 열린 길이다. 그것은 마을을 닮은 집을 만드는 시작이 된다. 허황하게 빛나는 도시가 아니라 인간적인 스케일로 반짝이는 동네가 거대 도시의 곳곳에 거대 구조체의 접지부(接地部)에 깃들어 준다면 메가스트럭처조차도 사람의 심장을 품게 될 것이다.

## 🏠 구겐하임 미술관 Solomon R. Guggenheim Museum

뉴욕의 상자 같은 빌딩들 사이에 자리 잡은 구겐하임 미술관은 상부를 향해 빙글빙글 올라가는 나선형의 경사로를 따라 내려오면서 예술 작품을 관람할 수 있는 독특한 형태의 미술관이다. 평범하지 않은 디자인 탓에 건립 초기부터 난관이 많았다. 프랭크 로이드 라이트는 1959년 미술관이 완공되기 직전에 세상을 떠났는데, 그때까지 무려 16년 동안 이 프로젝트에 매달렸다고 한다.

# 창문은 빛의 조각이다

<u>집은 그늘에서 시작해 빛으로 완성된다.</u>       우주물리학에 따르면 사람은 빛으로부터 태어났다. 반면에 집은 그늘에서 시작됐다. 집이 하나의 피난처로 출발한 것은 부정할 수 없는 사실이다. 바람과 비와 눈과 추위와 난폭한 태양으로부터, 맹수와 범죄로부터 사람을 보호하는 것이 집이다. 사람들은 그늘을 만들어 피난처로 삼았다. 그리고 다시 빛을 집으로 끌어들였다.

 빛은 집의 내부를 조명하여 활동할 수 있게 할 뿐만 아니라 외부의 경치를 집 안으로 끌어들이는 역할을 수행한다. 그 밖에도 빛은 낮이나 밤이나 안에서나 밖에서나 집을 아름답게 보이게 한다. 어디 그뿐인가. 적절하고 세련된 빛은 집의 내부 공간에 흐름을 만들고 동선을 활성화하며 생명의 리듬을 창조하여 공간 드라마를 연출하는 고도의 역할을 담당한다. 빛은 공간에 생기를 불어넣는다.

 집은 그늘로 시작되지만 빛으로 완성되는 것이다. 공간은 그늘에서 출발하여 빛으로 나아간다. 그렇게 빛은 여러 단계의 진화를 거치는 동안 저마다 고유의 모양새와 목소리를 가지게 되었다. 빛은 어휘를 가지게 되었으며 그 어휘들로부터 메시지가 자라났다.

이것이 빛의 소리다.

건축적으로 가장 소박한 빛의 어휘는 모닥불이었다. 모닥불은 그늘 한가운데서 피어올랐다. 그것은 그늘의 중심을 빛의 중심으로 치환시켰다. 그늘은 더 이상 무서운 곳이 아니었다. 모닥불은 인간의 불빛이었다. 인간의 불빛은 어둠의 공포와 맹수들의 포효와 고독으로부터 사람을 지켜주었다. 불은 사람을 지켜주었고 사람은 불을 지켰다. 사람은 생존의 동반자인 이 불빛을 키웠다. 문명은 불을 지키고 키워 온 역사의 또 다른 이름인지도 모른다.

모닥불이 횃불을 만들고 등잔불을 만들어 가는 동안 사람의 집은 자연의 빛을 집 안으로 끌어들이는 방법을 발전시켰다. 바람을 막으면서도 빛을 끌어들이는 방법은 그리 쉬운 일이 아니었다. 지붕에 뚫린 구멍이 창문의 시작이었다.

에스키모들은 이글루의 구멍을 짐승의 내장을 늘인 반투명 막으로 막아 빛은 통과시키면서도 차가운 북극의 바람이 들어오지 못하게 하였다. 그러나 로마에서 천장의 구멍은 그냥 구멍 그대로였다. 기술의 미숙함 때문에 허술한 민가에 사는 서민은 오래도록 작은 창문으로 만족할 수밖에 없었고, 좁고 어둑어둑한 집 안에서 오로지 등잔 불빛에 의지하여 사그라져 가는 시력을 한탄하며 살아야 했다. 그래서 로마의 시민들은 열악한 집 안에 있기보다는 공회당으로, 목욕탕으로, 경기장으로 쏘다니며 황제가 나누어 주는 빵을 얻어먹으며 시간을 보냈다. 황제들은 그렇게 도시민을 공공시설로 이끌어 내어 달램으로써 자신들의 정치 기반을 구축하였다.

종이가 일찍 발달했던 중국 문화권에서는 오히려 형편이 나은 편이었다. 그중에서도 한국은 종이의 질이 우수하여 양질의 채광을 확보하고 밝고 따스한 주거 생활을 누렸다. 유럽에서는 오직 귀족과 부호만이 비싼 유리창을 즐길 수 있었던 반면, 한국은 초가집에도 한지를 바른 이중창을 사용했다. 바닥까지 내려온 기다란 띠살문의 창호지를 뚫고 들어온 환한 빛이 온돌의 노란 장판을 비추는 따스한 정감은 한국적 정서의 표본과 같다. 한국의 내부 공간은 밝았다. 한국인의 심성도 밝았다.

유럽의 교회는 종교적 열정과 집중된 재력과 스테인드글라스에 힘입어 특유의 빛의 건축을 발전시켰다. 거기에는 키가 높고 견고한 공간을 만들 수 있는 공법상의 우수성이 기여하기도 했다. 여러 겹으로 치솟아 오르는 아치 구조의 발달은 고창(高窓)의 층을 발달시켰는데, 이것은 신비감을 자아내는 빛의 연출에 초점이 맞추어졌다. 그렇게 높은 내부 공간에 빛이 도입되지 않았다면 불필요한 상부의 공간은 침침하고 불길해 보이는 상자처럼 느껴졌을 것이다.

동양 건축에도 명나라의 천단(天壇) 기년전(祈年殿)[8]이나 법주사의 팔상전[9] 같이 내부는 단일층이고 외부는 다층으로 보이는 탑형 건축이 더러 있다. 그러한 내부 공간의 상층부는 실제로 빛의 향연을 위해서만 쓰인다. 내부 공간의 입장에서 본다면 빛을 위하여 엄청난 투자를 하는 셈이다.

[8] 중국 베이징의 천단은 황제가 하늘에 제사를 올리는 의식을 행하기 위해 조성한 것이다. 3층의 원형 목조 건물인 기년전은 풍년을 기원하던 장소이며, 파란 기와는 하늘을 상징한다.

[9] 우리나라에 남아 있는 유일한 5층 목조탑이다. 벽면에 부처의 일생을 여덟 폭의 그림으로 나누어 그린 팔상도(八相圖)가 있어 팔상전이라 한다. 1, 2층은 정면과 측면이 각 5칸이며, 3, 4층은 각 3칸, 5층은 각 2칸으로 되어 있다.

### 빛의 향연이 시작되다.

미국 서부의 개척민은 밭 전(田)자 모양의 창문을 사서 마차에 싣고 가서는 그것을 끼워 넣어 통나무집을 만들었다. 아침 커피를 끓이기 위해 벽난로에 새로 넣은 장작이 타오르는 동안 소녀는 작은 창가로 가서 성에가 낀 유리창을 입김으로 녹인다. 그리고 소매로 닦아내며 밖을 내다본다.

빛의 향연은 이렇게 소박하게 시작되었다. 그러나 그것은 매우 귀중한 체험의 씨앗이 된다. 빛의 자식인 인간에게는 내면의 빛(inner light)이 내재되어 있어 현상계에서 경험하는 빛이 내면의 빛에 반향할 때 참된 향연의 기쁨을 느낀다. 이러한 반향에는 어떤 의미가 숨어 있어서 인간은 이 경험을 확장하려는 노력을 계속한다. 빛의 소리는 진화한다. 진화하는 그 속에도 처음의 순수한 경험은 살아 있어서 되풀이하며 확대된 의미를 전달한다. 촛불을 보라.

사람의 집에는 아직도 촛불이 켜진다. 천 년 전이나 이천 년 전에도 촛불은 켜졌다. 그러나 지금은 일상적 어휘로서가 아니라 축제의 어휘로서 촛불이 켜진다. 인류가 광속의 우주선을 타고 머나먼 외계를 여행하는 미래가 올지라도 이 어휘는 살아남을 것이다. 아니 어쩌면 더욱더 귀중한 시편으로 남을지도 모른다.

이것은 한 어휘의 심도가 깊어지는 경우이다. 어휘 자체의 번식과 새로운 어휘의 탄생은 문장의 규모를 확대하고 수사학을 발전시킨다. 문명은 그러한 발전이 가능하도록 지원하였다. 근대에 이르기까지 빛의 향연이 사행시(四行詩)나 소네트 정도의 질박한 수

준을 벗어나지 못한 것은 문명의 지원이 결정적으로 미흡했기 때문이다. 과거의 건축가들이 빛을 사용할 수 있는 범위는 극히 제한적이었다. 그러나 산업 사회를 기반으로 한 근대 이후 건축가들은 자유자재로 빛을 사용할 수 있게 되었고, 빛의 향연은 일대 시극(詩劇)의 규모로 성장한다. 빛의 파노라마가 시작된 것이다.

구조와 소재의 발달은 자연광의 무제한적인 유입을 가능하게 하였다. 크리스털 팰리스[10] 이래 우리는 예사로 유리 상자를 만들어 집으로 삼는다. 전기의 사용은 건축화 조명의 시대를 열었고 소형 변압기를 장착한 할로겐 등의 개발은 인공조명의 질과 가능성을 자연광 수준까지 끌어올렸다. 빛은 건축가의 선택에 따라 춤을 추게 되었다.

*창문으로 빛을 조각하다.* 레이저 광선과 컴퓨터 칩은 빛의 조각(sculpture)을 만든다. 빛의 조형은 조명의 차원을 넘어 무한정한 스크린을 건축과 연계시키며 광범위한 외부 공간을 포용하는 환경 예술의 가능성을 보인다. 그것은 밤의 건축이며, 낮의 건축이 도저히 상상할 수 없는 새롭고 거대한 표현을 제공한다.

빛의 조각은 창문으로 시작되었다. 교회의 입면 및 창호의 발전과 변화는 빛을 조각하는 역사를 창조하였다. 빛을 의도적으로 다양하게 여과하는 스테인드글라스는 구조 자체가 모자이크 화법이어서 회화적 잠재력을 이미 가지고 있었다. 로마네스크[11]의 소박한

10 1851년 런던의 하이드파크에서 열린 제1회 만국박람회를 위해 건축되었다. 당시 영국의 산업 기술력을 보여 주는, 철과 유리로만 지은 거대한 건축물이다. 박람회 이후 해체하여 장소를 옮겨 재건하였으나, 1936년 화재로 소실되었다.

11 고딕 이전에 중세 유럽에서 발달했던 문화 예술 양식이다.

아치가 고딕의 포인티드 아치(pointed arch)[12]로 발전하는 동안 빛을 오려내는 창살은 공예적 경지에 도달할 정도로 섬세하고 다채로워졌다. 그들은 마침내 장미창(rose window)[13]을 만들어 냈다. 장미창은 극도의 세공품이다. 이처럼 거대한 레이스를 석재로 세공할 수 있었던 중세는 결코 암흑시대가 아니었다. 그것은 르네상스의 전야(eve)였다. 빛의 조소성(plasticity)에 대한 서구적 감수성은 근대 건축에 와서 르코르뷔지에를 탄생시켰다. 그의 건축에는 이에 대한 세련된 전통의 맥락이 엿보인다.

롱샹 성당의 벽면에는 두께와 크기와 각도와 배열을 달리하는 수많은 창들이 '빛은 조각될 수 있는 것'이라는 생각을 웅변이라도 하듯이 극적인 모습으로 등장한다. 그것을 창이라고 불러야 할까? 다른 무엇으로 불러야 옳을까? 그것은 그냥 조각이라고 불러야 타당하게 느껴질 정도로 조소적이다.

독학으로 르코르뷔지에를 사사하였던 안도 다다오는 벽과 천장 사이의 가느다란 틈새(slit)를 통하여 빛의 조소적 연출을 미묘하게 성취하고 있다. 바람의 교회[14] 측면 유리벽은 대담한 플러드(flood) 효과를 시도한 것으로 보인다. 절제와 제한된 해방감은 그가 자주 사용하는 수사학이다.

국제주의[15] 시대, 구조의 천재 네르비[16]가 8개월이라는 짧은 기간 동안 토리노(Torino)에 세운 전시홀은 2단계 아치 리브[17]의 주름 사이로 끼워 넣은 수많은 유리창들로 장미창에 버금가는 환상적 빛의 레이스를 근대적 수법으로 재현하고 있다.

에로 사리넨[18]이 워싱턴에 설계한 딜레스 국제공항 청사의 경사

---

12 끝이 뾰족한 형태로, 첨두 아치라고 한다.

13 방사형의 꽃잎 모양 장식 창살에 스테인드글라스를 끼워 넣은 둥근 창을 말한다.

14 일본 고베의 롯코 산 중턱에 자리한 바람의 교회는 안도 다다오의 교회 시리즈 — 빛, 물, 바람 — 중 하나다. 지형을 훼손하지 않고 최대한 활용하며 들어선 건축은 자연과 조화로운 관계를 구현하고 있다.

15 20세기 초중반, 보편적 건축을 지향한 근대 건축 양식이다. 유리나 금속 등의 재료를 사용하여 실용적이고 탈장식적이며 경제적, 합리적인 건축을 추구했다.

16 피에르 루이지 네르비(Pier Luigi Nervi, 1891~1979)는 철근 콘크리트 구조 기술의 발전에 지대한 영향을 미친 이탈리아의 건축가이자 구조 기술자다. 실험적이고 독창적인 방법으로 구조미가 돋보이는 건축 공간을 창조했다.

17 아치를 구성하는 구조적인 뼈대를 말한다.

18 에로 사리넨(Eero Saarinen, 1910~1961)은 핀란드 태생의 미국 건축가이자 디자이너다. 조각과 건축을 공부한 그는 조형적으로 뛰어난 건축 작업뿐만 아니라 튤립 체어 등의 가구 디자인으로 국제적 명성을 얻었다.

롱샹 성당의 내부. 다양한 크기와 형태의 창들이 '빛은 조각될 수 있는 것'이라는 생각을 웅변하고 있다.

토리노의 전시홀. 2단계 아치 리브 사이의 유리창들이 장미창에 버금가는 환상적인 빛의 레이스를 연출한다.

진 기둥이 만드는 지붕 처마 절개부의 연속적인 패턴도 빛을 조각하는 재미있는 실례로 보인다. 차양을 절개하는 이러한 기법은 다소 보편적인 어휘라 여겨질 정도로 많은 건축가에 의해 다양하게 시도되었다.

<u>하늘의 빛을 담다.</u>　　지붕 꼭대기에 구멍을 뚫은 것이 최초의 창문이었는데, 수많은 창호의 발전과 변용을 거친 후에 가장 극적인 채광 효과를 찾아서 사람들은 다시 스카이라이트(skylight)[19]를 채용한다. 하늘의 빛보다 강렬한 빛의 향연은 없다. 그것은 가장 깊은 곳을 가장 빛나게 하고 천상의 목소리를 전해 준다. 인간은 하늘의 빛으로부터 태어났다. 인간의 궁극적인 고향은 바로 하늘이었다.

하늘의 소리에는 향수(鄕愁)를 느끼게 하는 무언가가 있다. 건축적 공간이 결국은 하나의 우주를 집약하는 것이기에 결정적 대단원의 공간에 하늘의 빛을 도입하는 것은 대단히 자연스러운 일이다. 그것은 사람의 본능에 부합된다. 사람들은 저절로 이 대단원에 빨려 들어간다. 환희의 합창이 시작된다.

나는 구겐하임 미술관에서 이 소리를 들었다. 그 후 집을 만들 때마다 이 소리를 듣곤 했다. 작은 집에서나 큰 집에서나 이 소리는 사라지지 않고 들려왔다. 이 소리를 위한 공간을 만드는 것은 나에게 신탁 같은 것이 되었다.

별이 보이는 하늘의 창, 하늘로 난 창, 이러한 어려운 어휘를 마

[19] 실내나 지하에 빛을 끌어들이고자 천장에 설치한 채광창을 말한다.

음대로 구사할 수 있게 해 주는 문명의 테크놀로지에 감사한다. 테크놀로지가 시를 만들 수 있다면 그 테크놀로지는 이미 시인의 것이다. 이때 건축가는 얼마나 행복한 시인인가.

## 롱샹 성당 Notre-Dame du Haut, Ronchamp

프랑스 동부의 소도시, 롱샹의 부르레몽(Bourlémont) 언덕에 위치해 롱샹 성당으로 불리는 노트르담 뒤 오(Notre-Dame du Haut)는 순례자를 위한 작은 성당이다. 부르레몽 언덕은 고대부터 신앙의 장소였다. 4세기에 성모 마리아에게 봉헌하는 성당이 세워진 이래 여러 차례 소실과 재건이 반복되었는데, 1944년 제2차 세계대전으로 파괴된 성당의 재건에 르코르뷔지에가 초청되었다.

르코르뷔지에는 처음에 의뢰를 거절했다고 한다. 그때까지 종교 건축은 설계를 해 본 적이 없었고, 그가 가톨릭 신자도 아니었기 때문이다. 하지만 건축을 제안한 수도회의 생각은 달랐다. 대부분의 건축가들이 옛 성당의 복제품을 만들려고 했기에, 기존 양식에서 벗어난 새로운 종교 건축을 원했던 쿠튀리에(Marie-Alain Couturier) 신부는 르코르뷔지에를 적극적으로 설득했다.

순례자의 땅이라는 장소성에 주목한 르코르뷔지에는 아테네 아크로폴리스 언덕의 파르테논 신전처럼 자연과 조화를 이루며 풍경과 어우러지는 건축을 구현하고자 했다. 또한 폭격으로 파괴된 과거 성당의 잔해를 새로 만드는 콘크리트 벽 안에 채워 넣어 과거의 기억을 전승하고자 하였다. 하지만 독특한 조형 탓에 지역의 신자와 주민 들의 격렬한 반대에 직면했고, 때문에 건설을 시작하기까지 무려 3년의 시간이 걸렸다.

롱샹 성당은 르코르뷔지에가 근대 건축의 이름 아래 지은 건축물 중 가장 조형적인 작업이다. 1954년 완공되었을 당시, 극단적 비합리주의 건축이라는 비난과 함께 표준과 합리성을 넘어선 새로운 시도라는 극찬을 동시에 받았다. 조각 같은 조형뿐만 아니라 빛을 극적으로 연출하는 내부 공간으로 20세기 최고의 건축물 중 하나로 꼽힌다.

# 문은 공간의 흐름이다

<u>문은 시를 만든다.</u>　　문은 소리 없이 열린다. 물론 삐걱거리며 열리는 문도 있고 기분 나쁜 소음과 함께 열리는 문도 있다. 소리 없이 열리는 문이 가장 아름답다. 소리 없이 열리는 그 문에 소리가 있기 때문이다. 소리는 잡음이 아니다. 소리는 말이다.

건축가는 문소리를 본다. 문은 많은 건축적 요소 중에서 가장 효과적으로 소리를 낼 수 있는 부분이다. 문은 이진법적 부호를 가지고 소리를 내는데, 그것은 문의 열리고 닫힘 때문이다. 수많은 문은 열리고 닫히는 것이 한결같지 않고 저마다 때와 까닭을 가지고 움직이기에, 문에 의해 이어지는 공간의 연속성에는 수많은 순열과 조합에 의한 미묘한 율동과 멜로디가 생겨난다. 그것은 생명의 음악을 그대로 반영한다.

생명을 가진 생활에는 아름다운 문이 있고 아름다운 열림과 닫힘이 있으며, 수많은 문들은 피아노의 건반처럼 수많은 화음을 만들어 낸다. 생활의 적절한 긴장과 이완이 조화된 팽창과 수축을 이루어 낼 때 문은 아름답게 열리고 닫히며 아름답게 소리를 낸다.

그냥 닫혀 있으면서도 혹은 조금만 열려 있는 채로도 미묘한 소리를 내는 문도 있다. 약간의 빛이 새어 나오는 문, 두런두런 즐거운 목소리가 새어 나오는 문, 그 뒤에 만약 당신이 사랑하는 아름다운 사람이 있기라도 한다면 그것은 얼마나 신비로운 소리를 내는 문인가! 그것은 마치 피아노의 한 음계를 손가락으로 꾹 누른 채 기나긴 여음에 귀 기울이며 행복감에 젖는 느낌과 같은 것일 게다.

아예 처음부터 열리지 않고 빛만 새어 나오도록 만든 문도 있다. 봉창 같은 것이다. 창문도 문이다. 창문은 사람이 지나가기 위해서가 아니라 바람이 지나가도록 만든 것이다. 그래서 창문은 때로 문보다 더욱 미묘한 소리를 낸다. 그 뒤에 만약 당신이 사랑하는 아름다운 사람이 있다면 창문은 세레나데를 만든다.

하나의 문이 하나의 악기와 같은 것이라면 우리는 그 악기의 쓰임새와 모양에 관심을 가진다. 그것은 사람들이 집 안에서 어떤 차원에서든지 기분 좋게 사는 데 직접적인 영향을 미치기 때문이다. 좋은 집은 좋은 문이 만든다. 아름다운 집은 아름다운 문이 만든다. 닫힌 벽은 공간을 안정시키고 열린 벽은 공간을 해방시키는데, 문은 열리고 닫힘이 선택적이어서 공간의 흐름을 조절한다.

문은 때로는 벽이고 때로는 허공이다. 한국 민가의 분합문[20]은 문이기도 하고 벽이기도 하다. 분합문에는 불발기[21] 창이 붙는데, 문 안에 또 문이 있는 셈이다. 분합문을 걸쇠에 걸면 캐노피(canopy)가 된다. 걸쇠의 간단한 연출로 바깥의 열린 공간은 강물처럼 밀려들어 안과 밖의 구분이 사라지기 시작한다. 한국의 민가에는 사방의 뜰이 한꺼번에 뚫려 보이는 관통의 멋이 있다. 그렇게 해서 하늘과 구름과 먼 산조차도 집 안으로 들어오고 삶은 홀연히 자연

20 여러 쪽의 문으로 구성되어, 접어 들어올릴 수 있는 문이다. 한옥에서 주로 대청과 방 사이나 대청 앞쪽에 설치한다.

21 안팎으로 두껍게 종이를 바른 문의 중간에 사각이나 팔각의 문살을 짜고 창호지를 발라 그 부분만 빛이 들게 한 창호를 말한다.

한가운데 놓인다. 이를 좀 더 즐기기 위하여 반가(班家)에서는 처마를 치켜들고 댓돌을 내리어 시선이 아래위로 부챗살처럼 펼쳐지게 하였다. 이것이 집의 풍류다.

집은 풍류를 가진다. 풍류는 세련된 바람이다. 아름다운 바람기다. 집의 풍류는 견고한 구조 속에 있기 때문에 이미 절제가 있어서 치맛바람처럼 마구 나부끼지 않는다. 집의 풍류는 깊이를 요구한다. 풍류는 여는 데서 시작되고 풍류의 깊이는 여는 방법의 수준이 만든다. 세련되게 연다는 것은 쉬운 일이 아니다. 그것은 예술이다. 공간의 오묘한 연속적인 열림, 그것은 음악이며 낭만이다.

나는 어느 여류 무명 시인의 시를 기억한다. 그 시는 이렇게 시작되었다.

"그 문을 조금만 열어 주십시오."

그 시는 이 한 줄만으로도 이미 충분한 시가 되어 있었다. 한 번도 인쇄되지 못한 이 시는 손으로 베껴져 많은 사람들로부터 사랑을 받았다. 이 시는 문의 메타포(metaphor)가 얼마나 명료한 호소력을 만들어 낼 수 있는가를 보여주는 좋은 예이다.

문은 시(詩)를 만든다. 문의 시는 언어로만 이해할 수 있는 것이 아니라 온몸으로 느껴진다. 촉각과 청각과 시각 그리고 때로는 후각도 문의 시를 느낀다. 그에 깃든 역사의 기억까지도 문이 시가 되게 한다.

*문은 실제이면서 상징이다.*   문이 있음으로 해서 건축

은 조각과 구별된다. 문은 그 공간이 사람이 드나들도록 만들어졌다는 것을 단순하게 나타낸다. 문은 실제적이다. 그럼에도 불구하고 도시의 문, 성채의 문, 마을의 문 혹은 큰 집의 문은 실제 이상의 상징을 갖는다. 때로는 개선문처럼 아예 상징을 위해 만들어진 문도 있다.

 이와는 반대로 사람의 마을, 적잖은 한 무리의 주거지에 이르는 아주 기발한 문도 있는데, 그 문은 눈에 보이지 않는다. 서아프리카 사하라 사막에 있는 나라, 말리에는 거대한 반디아가라 절벽(Cliff of Bandiagara)이 있다. 깎아지른 절벽에는 아주 먼 옛날 텔렘(Tellem)이라는 종족이 살았던 인공 동굴들이 있다. 텔렘족은 600년 전 지상에서 사라졌다. 그 이유는 아무도 모른다. 그런데 문제는 동굴에 이르는 문이 눈에 보이지 않는 것이다. 현지의 도곤(Dogon)족은 텔렘족이 거인이며 마술을 했다고 믿고 있다. 여기서 발견된 한 동굴 무덤에는 3천 구의 유골이 남아 있는데, 사람의 시신이 어떻게 이곳으로 운반될 수 있었는지, 텔렘족이 어떻게 까마득한 절벽을 오르내리며 도시를 건설하고 살 수 있었는지에 대해서 한 고고학 팀이 10년 넘게 연구하였지만 결국 밝혀내지 못했다. 미국 애리조나의 캐니언 드 셰이(Canyon de Chelly)에도 이와 비슷한 절벽 주거지의 유적이 있다. 사람 사는 모습에는 상상을 초월하는 엉뚱한 데가 종종 있다.

 도시의 문을 만들기 싫어했던 사람들의 재미있는 예는 까마득히 낮은 땅 속에도 있다. 터키 카파도키아의 데린쿠유(Derinkuju)와 카이마크르(Kaymakl), 외즈코나크(Özkonak) 등의 거대한 지하 도시가 그것이다. 외즈코나크는 수용 인원이 6만 명이나 되고, 지하 8층 규모의 카이마크르는 수용 인원이 2만 명이며, 데린쿠유 주변에는 30개소의 지하 도시가 남아 있다고 하니 놀라지 않을 수 없다. 지하 도시로 통하는 문이란 땅바닥에 우물처럼 뻥 뚫린 구멍뿐이니, 보이지 않으려고 숨기는 문이며, 문 아닌 문이다.

지하 도시 내부에는 부엌, 창고, 침실, 식당, 마구간, 변소, 피난소, 성당, 무기고 등이 있으며 중심 가로와 피난 통로, 방어용의 돌문과 환기구, 때로는 인접 지하 도시와 통하는 9킬로미터나 되는 터널도 있다. 로마의 지하 묘지 카타콤에 숨어 살던 기독교도들의 유적을 보거나 로프에 매달린 광주리를 타고 오르내리는 절벽 위의 수도원을 참조하여 추리해 보면 이러한 별난 주거지는 노출을 꺼리던 특수한 신앙체의 은둔지로 보인다. 그러니 대문을 강조하기보다는 은폐함으로써 그 다음에 전개될 공간 내용의 성격을 드러낸다.

대부분의 경우 중요한 동선에 이어지는 문은 실제성 이상의 의미를 가진다. 의미가 강조되는 문은 그냥 있지 않고 솟아 있다. 그래서 솟을대문이라는 것도 있다. 한국의 문은 각별한 의미를 지니며 독특한 문화를 남겼다. 현대 건축, 현대 주택에 이르기까지 대문의 상징성이 중요한 나라는 한국 밖에 없다. 1970년대, 어느 대학교에서는 대학 정문 설계를 위해 견문을 넓히고자 그 대학교 건축과 교수이자 저명한 건축가인 W 씨에게 비용을 대주며 세계 일주를 시킨 적이 있다. 한 달 가량의 여행 후에 자료를 공개하는 슬

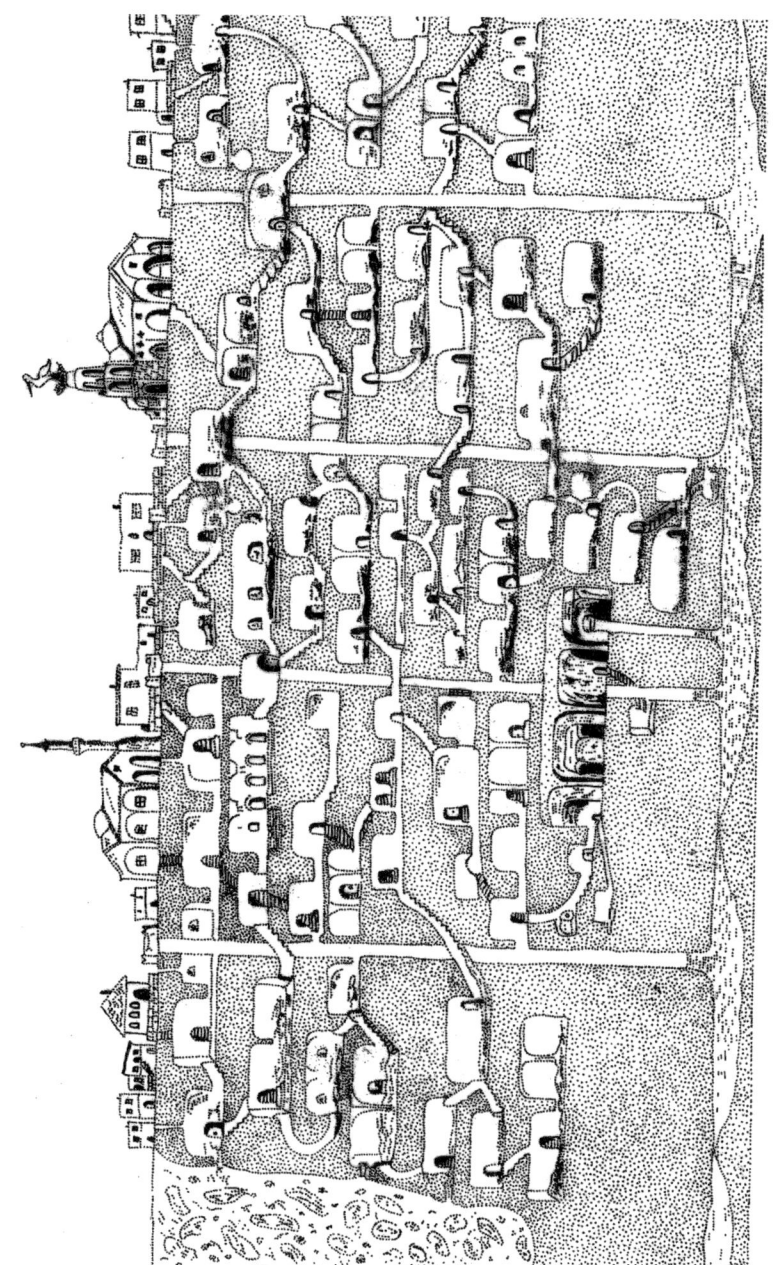

데린쿠유의 지하 도시.

그리스의 메테오라(Meteora). '공중에 떠 있는 수도원'이란 뜻을 지니며, 절벽 위의 수도원으로 로프를 타고 오르내린다.

라이드 쇼에서 "이것이 내가 발견한 미국 대학 정문이었습니다." 라며 보여준 한 장의 사진은 I.I.T 대학의 팻말이었다. 미국의 현대 건축에서는 대문을 찾아보기가 힘들다. 그러나 우리나라는 대학 정문을 설계하기 위해 세계 일주를 시키는가 하면 설계경기까지 하는 일이 당연시되고 있다. 한국의 문은 양반의 의관(衣冠) 이상의 것이다.

한국의 문은 내외 경계를 밝히는 기능에 머물지 않는다. 한국의 공간은 아리랑 가락처럼 곡절이 많은 구성진 맛과 선(線)적인 감각을 가지고 전개되는데, 문은 그 공간 가락의 마디(node)에 존재한다. 한국의 공간이 음악적 공간이라면 문은 팀파니처럼 등장하여 새로운 마당(場)이 나타남을 예고한다.

사찰 배치를 보면 이 예고의 시점이 각박하지 않아서 문을 통과하고 나서도 한참을 걸어야 예고된 내용이 보이기 시작한다. 한국의 외부 공간에는 하나의 악장(樂章)마다 하나의 문이 있고 하나의 소절(小節)마다 하나의 문이 있다. 뿐만 아니라 절간의 문은 문마다 하나의 화두(話頭)를 담는다. 한국의 문은 닫히기 위해 있지 않고, 열리기 위해 있다.

민가에서도 여러 채를 가진 집은 여러 개의 문을 가졌다. 그래서 신라 때부터 신분에 따라 가질 수 있는 문의 유형을 법으로 정해 놓았다. 문은 공간을 통제하는 방식으로 존재하기보다 공간을 표현하는 방식으로 존재하였다. 열녀문, 효자문 같은 것은 출입문의 성격과는 거리가 멀다. 홍살문에는 아예 문짝이 달려있지도 않다. 창덕궁의 불로문(不老門)도 그러하다.

다락집의 맥락은 다락문을 만들었다. 그것이 곧 누문(樓門)이다. 누문은 주로 성문이나 관청의 문처럼 중요한 문에 사용되었는데, 누하진입(樓下進入)이라는 개념을 만들었다. 집 밑으로 사람이 통과하는 것이다. 누하진입은 대문에만 사용되지 않고 과정상 극적인 반전(反轉)이 필요한 중요한 마디에도 사용되었다. 해인사에 그러한 예가 있다. 에펠탑도 도로에 의해 관통되어서 그 밑을 통과하는 사람의 입장에서는 훌륭한 누하진입으로 체험될 수 있다. 그것은 거대한 아치문과 같다. 에펠탑을 문으로 이해한다면 아마 세상에서 가장 거대한 문의 하나로 볼 수 있을 것이다. 샹젤리제 거리 반대편에 개선문과 마주보고 있는 그랑아르슈(Grand Arche)는 문의 상징을 가장 단순하게 드러내는 대형 건축물이다. 개선문과 그랑아르슈는 그냥 마주보고 얘기만 하고 있을 뿐 아무도 그 밑을 통과하지는 않는다. 그것은 의미를 이어 주는 문일 뿐이다.

인도의 갠지스 강에서는 연잎으로 만든 조그만 배를 띄운다. 작은 촛불에 소망을 말하면서. 한국인은 그러한 소망을 가지고 문을 만들었다. 하나의 문에는 하나의 소망이 있었다. 그래서 문마다 글씨를 써 붙였다. 문의 형태는 없어도 글씨가 있어서 그것이 문인 줄 알게 하는 것도 있었다. 이름 없는 민가의 문에도 입춘(立春)이 되면 대길(大吉)의 소망이 담긴 글씨를 써 붙였다.

<u>세상에는 별난 문도 많다.</u>　　문 가운데는 "열려라 참깨!" 하고 소리치면 열리는 이야기 속 문도 있지만, 요즘엔 소리를

지르지 않아도 저절로 열리는 자동문이 있다. 텔레비전을 켜듯이 리모트 컨트롤러로 여는 차고문도 있다. 사실 자동문은 지금으로부터 2천 년 전쯤 로마에 벌써 있었다. 당시 알렉산드리아의 기하학자였던 헤론(Heron)이 터빈과 연료 분사 장치의 원리를 이용한 증기 기관을 발명하여 사원의 문을 열고 닫았던 것이다. 하지만 이 장치는 신(神)이 나타났다 사라졌다 하는 깜짝쇼에 이용되었을 뿐 더 이상 문명의 이기로 발전하지는 못하였다. 노예 노동력이 풍부하였던 그 시대에 동력 이용 장치를 발전시킬 필요는 없었던 것이다. 지금도 인건비가 못 견딜 정도로 상승하기 전까지 자동화 설비에 투자하지 않기는 마찬가지다.

서역에서 실크로드를 따라 장안으로 가는 길에 만나는 옥문관(玉門關)은 기원전 2세기 한무제의 서역 정벌의 산물로서, 중국의 최전방 기지로 경영되었다. 유명한 당나라 시인의 시에는 장안에서 만리를 달려 옥문관에 도달하니 이 땅의 끝에 왔다는 생각이 들어 목이 멘다는 구절도 있다. 여기서 100킬로미터 떨어진 둔황이 실크로드의 요충지로 번영하면서 여러 세력의 각축이 심했는데, 이를 방어하기 위해 중국의 황제들은 옥문관에 군사력을 집결시켜 전방의 보루로 삼았다. 둔황의 막고굴(莫高窟)은 세계 최대의 미술관이라 할 만큼 불교문화의 보고이다. 이 옥문관과 막고굴의 이어짐이 옥문과 자궁의 이미지와 동일하게 설정되어 있는 것이 재미있다. 옥문관 주변에는 양관(陽關)이라는 곳도 있어 음양의 길이 둔황에서 만난다. 실크로드에 의한 문물 교역을 동서 문화의 교접으로 본다면, 옥문관이라는 이름은 매우 절묘한 지명이 아닐 수 없다.

지금으로부터 4천 년 전에 제국의 문명을 건설한 안데스의 티아우아나코(Tiahuanaco)에는 태양의 문(Puerta del Sol)이라는 별난 문이 남아 있다. 태양의 문은 아주 잘 연마된 안산암으로 만들어진 너비 4미터, 높이 3미터, 두께 약 1미터, 총 중량 약 12톤의 석조 조형물로, 건축의 목적은 신비에 싸여 있었다. 문 중앙에는 어울리지 않는 머리에 짧은 다리를 가진 사람이 자리 잡고 있다. 괴상하게 생긴 얼굴에는 볼에 몇 개의 구멍이 나 있다. 그래서 사람들은 이것을 울고 있는 신이라 부르기도 한다. 손가락이 네 개밖에 없는 손에는 끝이 새의 머리처럼 생긴 봉이 쥐어져 있다. 그 좌우에는 한 쪽에 24명씩, 총 48명이 세 줄로 늘어서서 울고 있는 신을 바라보고 있다. 맨 위와 아래쪽에는 왕관을 쓰고 날개를 단 사람이 서 있는데, 역시 손가락이 네 개씩이며 왕처럼 새 머리로 장식되어 있는 봉을 들고 있다. 가운데도 양상은 비슷해 보이지만, 이들은 사람이 아니고 새다. 그러나 이 줄 역시 양 끝에는 사람이 서 있다. 수년에 걸친 집중적인 탐구 끝에 독일의 학자 키츠는 태양의 문이 달력이었다는 결론에 도달했다. 러시아 출신의 또 다른 학자인 지코프와 카찬제프 역시 이 의견에 동의했으며, 나아가 이 거대하고 육중한 달력이 지구의 주기가 아닌 1만5천 년 전의 금성의 주기를 따르고 있다고 주장했다. 믿거나 말거나 간에 태양의 문이 별난 문이었음은 틀림없다.

15세기 이후 안데스를 지배하였던 잉카 제국 사람들은 수염이 없었다. 그들은 얼굴 가장자리에 잡초처럼 한두 개씩 삐져나온 털을 뽑기 위해 족집게로 거울 앞에 매달려 있곤 했다. 그러나 품위 있는 수염을 길렀던 세계 어느 나라 사람들보다 탁월한 돌 쌓기의 천재들이었다. 그들의 석조 기술은 돌을 네모나게 다듬어서 쌓아 올리는 것이 아니라 ㄴ, ㄱ, ㄷ자 모양의 돌을 정교하게 다듬어서 작은 오차도 없이 맞물리도록 쌓는 것이다. 어떤 형태는 수많은 ㄴ자 돌로 이루어진 커다란 덩어리로 되어 있어서, 도대체 이것을 어떻게 가공, 운반하여 정확히 조립할 수 있었는지 궁금증을 자아낸다. 가축을 사육하지 않고 수레바퀴를 쓸 줄도 몰랐으며 금속 도구를 사용하지도 않았던 당시의 상황을 미루어 보면 상상이 가지 않는다. 지금도 페루에는 석재의 절재선을 볼 수 있는 일종의 초능력자들이 남아 있어서 잉카 석조 기술의 비밀을 일부 밝혀 주고 있다고 한다.

잉카 건축에 나타난 재미있는 문의 형태에는 잉카 아치라는, 끝이 약간 뭉뚝한 포인티드 아치(pointed arch)가 있다. 도토리 모양의 이 아치는 내부 공간의 스팬(span)을 유지하는 데 큰 역할을 했다. 잉카 건축물의 개구부 형태 중 또 하나의 재미있는 모양으로는 하인방보다 상인방이 좁아서 사다리꼴로 보이는 문이 있다. 이런 형태는 문의 높이를 실제보다 높아 보이게 하는 효과가 있다.

그들은 문의 높이뿐만 아니라 머리도 높아 보이기를 원했던 것 같다. 그래서 어린아이의 머리 앞뒤에 판자를 대어 원통형으로 길쭉하게 솟아오른 두개골을 창조하였다. 이런 행위는 75세기나 지속된 별난 종교적 풍습이다. 이집트의 조각에도 이런 느낌이 강조된 사제의 두상(頭像)이 나타나는데, 그들은 두개골을 조작하기보다는 길쭉한 모자를 써서 동일한 심상을 표현하고 있다. 하기는 신라의 최치원도 당나라 황제의 대궐 문이 너무 높은 것이 못마땅하여 대궐 문보다 키가 큰 모자를 쓰고 입궐했다는 얘기가 전해진다.

 반대로 리비아의 카다피는 자기 집무실용 천막의 문을 나지막하게 만들어서 외국의 대사들이 머리를 숙이고 무릎을 꿇다시피 들어오게 하여 약소국의 열등감을 보상받으려 했다. 일본 오사카에 있는 건축가 안도 다다오의 사무소 출입문은 아마도 세계에서 가장 좁은 문일 것이다. 그것은 하나의 틈새 같은 ㄱ자형 통로인데, 어찌나 좁은지 사람이 곧바로 들어갈 수가 없고 옆으로 걸어 들어가야만 한다. 그래서 문짝이 달려 있지도 않다. 카다피와 안도에게는 같은 의식이 흐르고 있는 것일까? 방문객이 당황하고 무안해 함을 즐기는 심리 같은 것 말이다.

## 🏠 안도 다다오 Ando Tadao, 1941~

일본 오사카 태생의 세계적 건축가, 안도 다다오는 고졸 학력의 프로 복서 출신이라는 독특한 이력으로 유명하다. 정규 대학 교육을 받지 않고 여행을 통해 건축을 독학한 그는, 도전적인 자세로 끊임없이 자신만의 독창적인 건축 세계를 구축했다. 그 결과 지금은 일본을 대표하는 건축가이자 현대 건축의 거장 중 한 명으로 손꼽힌다. 그의 건축은 물과 빛 등의 자연 요소와 절제된 조형의 노출 콘크리트가 절묘한 조화를 이룬다. 정제된 기하학적 형태와 재료의 물성이 자연과 어우러져 빚어내는 시적 공간은 인간의 감성을 자극하고, 간결한 볼륨을 구현하기 위한 치밀하고 섬세한 디테일은 보는 이의 감탄을 자아낸다.

발표하는 작업마다 세계적 이목을 끄는 그는 우리나라에도 다수의 작업을 했는데, 뮤지엄 산(SAN, 원주), 지니어스 로사이(제주), 본태박물관(제주), 글라스하우스(제주), 페럼클럽 클럽하우스(여주), 재능문화센터(JCC, 서울) 등이 있다.

chapter 4

# 집은,
# 삶으로
# 이루어진다

# 사람들은 모여서 산다

<u>도시의 꿈이 도시를 만든다.</u> 집과 마찬가지로 도시도 하나의 에너지 체계이다. 날도래가 등불을 향하여 몰려들 듯이 사람들이 도시로 몰려드는 것은 도시가 집약적인 에너지 체계를 이루고 있기 때문이다. 이러한 도시의 매력은 쉽사리 간과할 수 없는 것이어서 입만 열면 도시의 병폐를 떠벌리는 사람들도 실은 도시라는 커다란 젖줄의 한 꼭지를 물고 산다.

사람의 마음속에는 도시의 꿈이 있다. 모여 살기를 좋아하는 사람의 본능이 만드는 꿈이다. 미지의 자극에 의한 기대감, 삶의 속도감, 흥분, 우발적 가능성과 만남, 기회의 확장, 호기심의 충족, 익명성에 의한 도시적 은둔. 이러한 것은 손바닥 안처럼 뻔한 시골에서는 찾기 어려운 도시의 매력이다. 도시의 꿈이 결국 도시를 만든다.

집과 도시를 하나의 체계로 구성하는 에너지는 물질적인 것이 전부가 아니다. 실은 심리적인 것, 정신적인 것이 더 중요할 때가 있다. 중세의 서구 도시는 교회와 광장이 중심이 되고, 그 주변으로 혈관 같은 도로가 뻗어 나감으로써 구성되었다. 아름다운 중세 도시의 모형은 나름대로의 에너지 체계를 잘 보여 주고 있다.

밀집된 도시는 꼬불꼬불한 미로를 만들었다. 르네상스가 여물어 가던 16세기 이후 유럽 도시에서는 마차가 주요 교통수단이었으므로 중세형의 미로를 개선하는 것이 시급했다. 로마에서는 교황 식스투스 5세에 의해서 대대적인 개조 작업이 진행되어 르네상스 로마의 모습을 만들었다. 파리에서는 나폴레옹 3세에 의해 대규모의 가로 공간이 조성되고 기념비적인 도시 미화 작업이 행해졌다. 이때부터 유럽의 도시는 마차의 통행 폭을 기준으로 하는 도로망을 가지게 된다. 일제 강점기에 도시 계획을 해야 했던 우리나라는 마차를 타고 다니는 사람이 별로 없었기 때문에 인력거의 통행 폭을 기준으로 한 4미터 도로가 밀집 주거 지역의 일반적인 도로 폭이 되었다. 그런데 이상한 것은 1960년대 이후 만들어진 서울 강남 주거 지역의 도로 폭이 겨우 6미터였으니 인력거 한 대를 길가에 더 세워 놓을 것만 고려했던 모양이다.

17세기 이후의 유럽에서는 직주(職住) 분리[1]가 일반적인 경향이 되었다. 이는 시민 의식과 근린 관계의 개념을 희박하게 만들어 개인주의가 지배하는 도시 사회를 불러왔다.

19세기를 풍미한 산업 혁명은 공해를 포함한 본격적인 도시 주거 문제를 대량으로 발생시켰다. 열악한 주택 사정은 유래가 없던 지하 주거를 성행시켰고, 등을 마주하고 있는 타운하우스[2]라는 뜻의 백투백(back to back) 하우스를 유행시켰다. 산업 혁명을 자랑하던 영국의 19세기 후반 평균 수명은 29세였다. 참고로 공업 도시 글래스고의 원룸형 셋집의 주거 환경을 조사한 실례를 보면,

[1] 직장과 주거지가 도심과 교외로 멀리 떨어지는 현상을 가리킨다. 주로 도심의 지가 상승과 주거 환경 악화 등이 원인이며, 그 결과로 도심 공동화(空洞化) 현상이 일어났다.

[2] 타운하우스(town house)는 아파트와 단독 주택의 장점을 결합한 구조로, 2~3층의 단독 주택을 연속적으로 배치하여 하나의 단지를 형성한 것을 말한다.

2.9×3미터 정도의 방에 아홉 명의 가족이 기거하고 있다. 붙박이 침대에 부부와 갓난아이, 두 명의 여자아이가 잤고, 그 옆에 놓인 1인용 침대에는 세 명의 남자아이가 누워 있었으며, 또 다른 여자아이 하나는 식탁 위에서 잠을 잤다. 거울이 달린 서랍장 맨 위 칸에 식품을 보관하였으며, 좁은 창가에는 찬 물을 공급하는 작은 석재 싱크대가 붙어 있고, 조리용 가스레인지 옆에는 작은 석탄 난로와 석탄 상자가 있었다. 옷걸이는 천장에 붙어 있었다.

20세기에 들어와서 집합 주택으로 가장 관심을 끌었던 것은 '빛나는 도시'를 부르짖은 르코르뷔지에가 1950년대에 완성한 유니테 다비타시옹(Unité d'Habitation)이었다. 코르뷔지에를 하느님처럼 알았던 건축가들은 이 일자형 아파트에 열광하였으나, 건물은 사람이 입주하지 않아 상당 기간 비어 있었다.

이 집합 주택의 각 세대는 가늘고 긴 평면을 가지고 있어서 마치 슬라이스 치즈 같았다. 한정된 건물 안에 많은 세대를 수용하자니 얇게 썰어내는 것이 합리적이었던 것이다. 유럽 사람들은 중세 이래 세장형(細長形) 도시 주거에 비교적 익숙한 편이었지만, 이건 좀 심한 축에 속했다. 많은 세대를 수용하다 보니 층고가 너무 낮아져 답답하다고 말하는 사람도 많았다. 한편 중간층에 계획되었던 식료품 가게, 바, 카페테리아, 담배 가게, 미장원, 신문 가게, 꽃집, 우체국 등의 서비스 공간은 이용자가 없어서 문을 닫아야 했다. 그런 시설은 지금처럼 오히려 1층에 있었어야 했는지도 모른다. 이 건물은 유명한 건축가들이 설계한 건물이 흔히 그러한

19세기 영국 집합 주택의 열악한 환경. 산업 혁명은 많은 노동 인구를 도시로 끌어들였고 과밀 도시를 만들었다.

위 / 런던 지하 주거의 실내.

왼쪽 / 프루트 아이고의 폭파.

것처럼 관광 명소로 더 성과를 올렸다.

코르뷔지에와 그의 추종자들은 인도 찬디가르와 브라질의 브라질리아에서 슈퍼 블록과 기능 분리가 철저히 적용된, 선형 아파트에 의한 교과서적인(아니 거의 이데올로기적인) 대규모의 공공 개발을 시행하지만 이 또한 실패한 개발로 간주된다. 물론 이 두 도시를 찾는 관광객들은 아직도 있으며, 도시의 조형적인 건축들은 기념사진 촬영에 대단히 적합한 배경을 제공하는 데 성공하고 있다.

1972년 미국 세인트루이스의 프루트 아이고(Pruitt-Igoe) 주거 단지는 폭파 해체된다. 한때 설계경기 아이디어로 이상적인 주거 단지의 꿈을 안고 지어졌던 이 아파트는 계속되는 슬럼화로 폭파하지 않으면 안 될 지경까지 이르렀다. 사람이 사는 집 문제를 잘 해결한다는 것은 문화적 차원에서 유기적으로 접근해야 할 일이다. 집을 단순히 사람이 사는 기계로 인식하는 것이 얼마나 위험한 생각인가 하는 교훈을 이 폭파 사건은 남겨 주었다. 좋은 집은 심정의 눈으로 지어지는 것이지 손재주와 반짝 아이디어로 지어지는 것이 아니다. 물론 이론만으로 지어지는 것도 아니다.

재미있는 것은 고밀도 아파트가 한국에서는 실패하지 않고 그 인기가 계속 올라가고 있다는 점이다. 적어도 사업적으로는 그렇다. 그것은 유난히 바짝 모여 비비고 살기를 좋아하는 우리의 촉각 문화의 심리가 그 저변에 자리 잡고 있기 때문이라고 본다.

**집합 주택은 고대에도 있었다.** 대부분의 사람들은 모여서 산다. 혼자 사는 사람도 공동체적 공생 관계를 떠나기는 어렵다. 인간은 본래 도시적인 동물이라고 말할 수 있다. 가장 도시적인 집은 모여 사는 모양이 확실히 갖추어진 집합 주택이다.

집합 주택을 근대적 주거의 전유물로 아는 사람들도 많은데, 이미 로마 시대에도 있었다. 아니 그보다 앞선 기원전 1,900년경 고대 이집트의 피라미드 건설에 동원된 노동자들도 질서 정연한 집합 주택에 수용되어 살았다. 카훈(Kahûn)에서 발견된 집합 주택은 경계벽을 공유한 단층형 테라스하우스[3]와 비슷한 모습인데, 단지의 면적이 8만 제곱미터나 된다. 텔 엘 아마르나(Tell el-Amarna) 동부에서 발견된 집합 주택도 이와 유사한 것으로, 단지 전체는 70미터의 정방형이다. 한 가구의 크기는 5×10미터 정도이고 현관홀과 거실, 부엌, 침실을 갖추고 있다. 거실은 둥근 기둥이 떠받치고 있어서 다른 방보다 높은 공간을 형성하고 고창까지 마련되었다. 부엌에는 옥상으로 올라가는 계단이 있으며, 현관홀은 가축을 기르거나 작업장으로 사용되었던 것으로 보인다. 룩소르 서쪽 데이르 엘 메디나(Deir el-Medina)의 집합 주거지는 더욱 흥미로운데, 원래의 노동자 임시 주택 단지로서의 기능은 사라지고 일반인의 주거지로 정착, 발전되었다.

에게 해의 북쪽 해안에 위치하는 그리스의 고대 도시, 올린투스(Olynthus)의 집합 주택은 한 블록에 다섯 채의 가구가 2열로 배열되어 있다. 한 블록은 사방 18미터의 정방형으로 중정 형식을 유

[3] 주로 비탈진 경사면에 지은 계단식 집합 주택으로, 아래층의 지붕 일부를 위층에서 테라스로 사용한다.

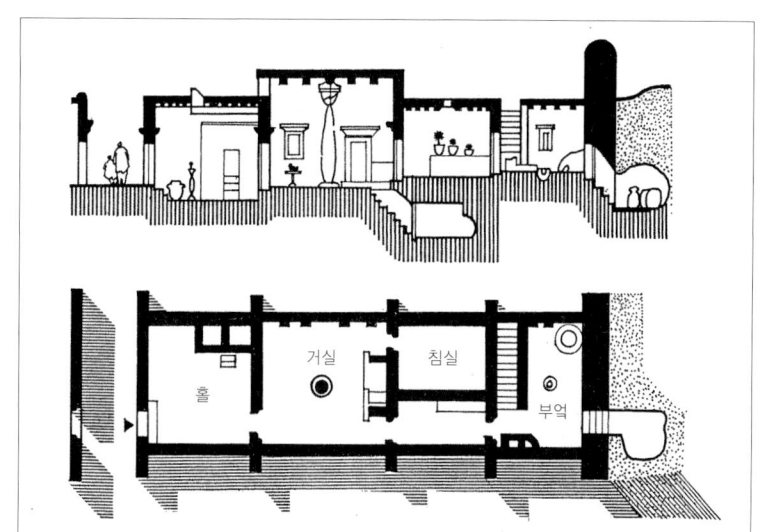

텔 엘 아마르나의 집합 주택 유니트. 높은 천장을 기둥으로 떠받치고 있는 거실과 부엌, 침실이 있으며, 부엌에는 옥상으로 올라가는 계단이 있다.

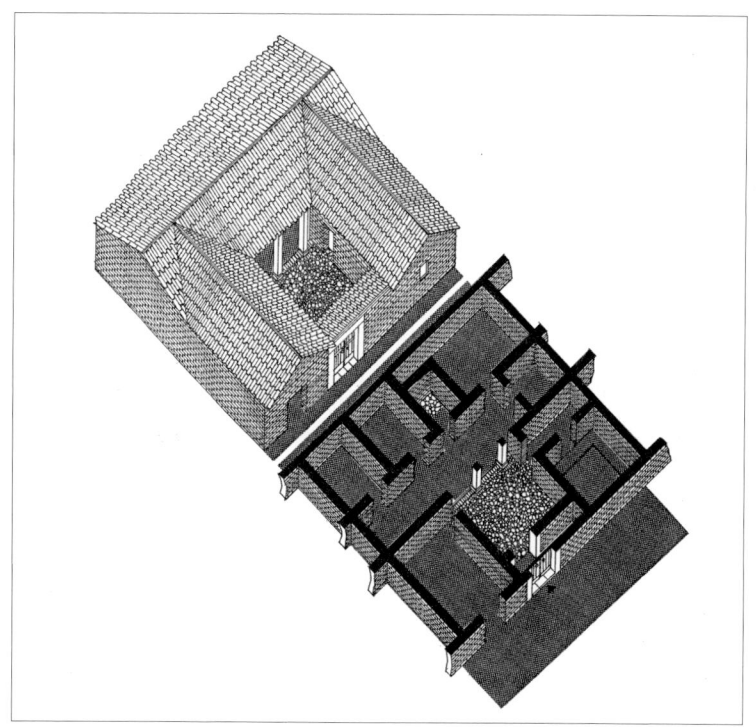

그리스 올린투스에서 발굴된 주택의 외관 상상도와 공간 전개도.

지하는 일관성이 있으나, 획일적인 평면이 아니라 블록마다 다양한 평면 구조를 가지고 있는 점이 재미있다. 이러한 고대 도시의 주거는 계획적인 주거 단지이든 자연 발생적인 주거 단지이든 인접한 벽을 공유한 형식으로 집합 주택의 성격을 띠었다.

로마의 서민은 상류층의 도무스 주위에 형성된 인슐라(insula)라고 불리는 임대 아파트에서 살았다. 전성기인 4세기에 로마는 인구 100만 명이 넘는 거대 도시가 되었다. 이 당시에는 4만6천 채의 인슐라가 있었으며, 이 중에는 5층에서 7층에 이르는 고층 주택이 흔했다고 한다. 이런 건축이 가능했던 것은 기원전 2세기에 벌써 화산재를 이용한 콘크리트 축조법이 개발되었기 때문이다.

서기 64년 7월 로마에는 대화재가 일어난다. 고작 14년밖에 집권하지 않은 네로가 하필 이때 황제로 있었다. 대경기장 남동부에서 발생하여 6일 이상 지속된 화재는 로마 시의 절반 이상을 폐허로 만들었다. 로마 시민들로부터 평소 좋은 평가를 받지 못했던 네로는 방화범으로 혐의를 받고 민중 폭동이 발생하였으며 이것이 기독교 박해의 계기가 되었다. 네로는 화재로 파괴된 지역에 호화스러운 궁전을 지어 역사의 죄인으로 영구히 낙인찍히고 마는데, 역사상 최초의 체계적인 도시 재개발 사업의 시행자가 바로 이 악명 높은 폭군이었다는 것을 아는 사람은 드물다.

네로의 재개발 사업 시행령은 격자형의 가로망과 장방형의 블록 조성, 내화 재료의 의무적 사용, 전 지역을 대상으로 하는 수도 공급 및 하수도 시설의 대폭적인 개선, 최고 높이 제한, 방화벽 공유 금지, 공지 확보, 피난 발코니 설치 등 대단히 근대적인 내용을 많이 포함하였다. 이것은 서구 도시의 주거 향상에 이정표를 제시한 사건이었다.

뮌헨의 거리는 도로에 면한 건물의 1층 전면 스팬이 보행자 도로로 제공되어 아케이드를 형성하는 것으로 돋보이기도 하지만, 화강석 보도 위에 규칙적으로 뻗어 있는 작고 검은 돌로 만든 무늬가 눈에 띈다. 이 줄무늬는 거리의 스케일을 강화하는 시각적인 고려로 훌륭하다고 생각되었지만, 실은 가스관이나 전화선, 상하수도의 위치를 표시하여 수리를 용이하게 하고 재포장 비용을 절감하도록 고안된 것이라는 설명을 듣고 놀라지 않을 수 없었다. 심지어 군데군데 주요 지점에는 이러한 지하 매설물들의 지도까지 그려 붙여 놓았다. 이것은 바로 좌절된 예술가 지망생, 아돌프 히틀러의 아이디어였다. 그가 미술 아카데미에 두 번이나 낙방하지만 않았더라면 대단한 건축가로 성공하였을지도 모른다. 도시 건축에 대한 대단한 안목과 식견이 역사상 가장 흉악한 폭군으로 쌍벽을 이루고 있는 두 사람에게 잠재해 있었다는 것은 묘한 일이다. 건축가는 모름지기 권력에 뜻을 두지 말 일이다.

<u>아파트가 된 원형 경기장도 있다.</u>   몽골의 한 관리가 한국은 몽골의 피를 가진 민족 중에 가장 선진화된 민족 국가라고 말하는 장면을 텔레비전 화면에서 본 적이 있다. 하긴 몽골과 한국 이외에 순수 몽골족의 나라로 손꼽을 데가 별반 없기도 하지만

말이다. 에스키모는 미국과 캐나다의 소수 민족일 뿐이며 아메리카 인디언 또한 마찬가지다. 라틴 아메리카의 수염이 없는 토착민들은 몽고반점을 가지고 있기는 하지만, 메스티소라는 혼혈족이다. 한국은 이 기마 민족 가운데 천막을 치지 않고 살아온 유일한 농경 국가였다.

천막 국가 몽골은 두 번이나 황색동풍(黃色東風)을 일으켜 서구 문명사에 커다란 변화를 일으킨다. 기원전 214년 중국이 몽골의 기습에 대비하여 만리장성을 쌓기 시작할 무렵, 중국의 힘에 밀린 일단의 몽골 부족이 서진을 시작했다. 그들은 훈족(Huns)이었는데, 수세기에 걸쳐 서쪽으로 이동하는 과정에서 장애가 되는 다른 부족들을 차례로 물리쳤다. 그때 지금의 동유럽 지역을 차지하고 있었던 호전적인 반달족(Vandals)과 고트족(Goths)이 밀려날 정도로 훈족의 강성함은 대단하였다. 4세기 후반 고트족은 그리스와 이탈리아 반도를 휩쓸었고, 반달족은 프랑스와 스페인, 북아프리카를 유린하였다. 그 뒤를 따라온 훈족은 닥치는 대로 약탈과 방화와 파괴를 일삼아 수세기 동안 유럽을 공포의 도가니로 만들었다. 암흑시대가 도래한 것이다. 이로써 로마 제국은 몰락하고 도시는 폐허가 되었으며 사람들은 숨을 곳을 찾기에 바빴다.

8세기 프랑스 남부 프로방스 지방의 아를(Arles)에서 겨우 살아남은 주민들은 원형 경기장으로 피신했다. 2만5천 명을 수용하던 로마의 대건축물은 요새로 변했다. 60개의 아케이드로 구성된 아래쪽 두 개 층은 두 곳의 출입구를 제외하고 모두 벽으로 메워졌으며, 그 내부는 주거 공간으로 개조되었다. 주민들은 3층 부분의 아

위 / 아파트로 개조된 아를의 원형 경기장.

오른쪽 / 로마의 콜로세움. 원형 경기장의 대표적인 예로 로마 제국 전역에는 이를 닮은 원형 경기장이 무수히 지어졌다.

그림으로 남은 탑상 주택 도시.

케이드를 허물고 거기서 얻은 재료들로 네 개의 방어탑과 두 개의 교회를 가진, 요즘 말로 주상 복합체를 만들었다. 하나의 요새 도시라고 할 만한 이 거대 건축물에는 2천 명이 거주하였다.

이러한 복합 건물의 개념은 20세기로 이어져 시카고에 마리나 시티(Marina City)라는 건축을 만든다. 모양이 옥수수 같다 하여 시카고의 옥수수라고도 불리는 건물이다.

집은 원래 피난처였다. 아를이 아니더라도 전란이 심한 난세의 집은 방어적 형태가 두드러진 모습으로 발전하게 마련이었다. 11, 12세기 이후 중세 이탈리아의 각 도시에서는 신흥 상공 귀족과 봉건 귀족 사이에 투쟁이 극심하였다. 도시의 각 파벌은 혈연관계에 의해 결성되었고, 후에는 여러 가족이 협약하여 가족 연맹을 구성하기도 하였다. 가족(family)을 중심으로 한 사회 단위의 구성은 독자적인 행정 단위가 될 정도로 정치적인 세력을 만들어 로미오의 가문과 줄리엣의 가문처럼 서로 치열하게 싸웠다. 그 결과 생겨난 것이 탑상 주택(casatorre)이었다.

이러한 탑상 건축은 서로 연계되었고, 중심 거점에는 가장 높은 탑이 건축되었다. 작은 도시에도 100채가 넘는 탑상 주택이 있는 것이 보통이었다고 한다. 한 변이 6미터에서 12미터에 이르는 주택의 탑들이 45미터에서 90미터의 높이로 빽빽이 솟아오른 당시의 그림을 보면 마치 현대 도시의 마천루를 연상케 한다.

벽 두께가 보통 1.2~1.5미터인 탑에는 목재로 된 난간이 돌출되어 있어서 외부로의 공격을 가능하게 하였다. 탑상 주택에는 우물, 창고, 작업장, 거실, 식당, 침실이 있었고, 탑상 주택들이 만드는 블록은 중정을 중심으로 고용인의 주거 공간 및 교회와 상점, 유사시의 대피로 등이 부속되어 있었다. 캅카스의 고지 협곡에서도 탑상 주택이 발견되었는데, 쉐나위 같은 학자는 몽골의 유목 기마 민족의 공격을 방어하기에는 돌로 만든 탑상 주택이 효과적이므로 이러한 집을 지었을 것이라고 해석한다.

## 🏠 마리나 시티 Marina City

1964년 미국 시카고에 지어진 65층 규모의 주상복합 건축물이다. 시카고를 대표하는 빌딩 중 하나로, '쌍둥이 옥수수 빌딩'으로 불린다. 건축가 버트랜드 골드버그(1913~1997)의 작업이며, '도시 안의 도시'를 표방한다.

# 문화가 집의 풍경을 만든다

<u>집과 물이 만나 낙원을 이루다.</u>　　사막에서 출발한 이슬람 문화권은 물이 천국의 상징이었다. 이슬람의 집에서 물은 가장 귀한 조형 수단으로 사용된다. 타지마할 사원 전면에 있는 유명한 반사 연못은 깊이가 10센티미터밖에 되지 않는다. 그것은 장방형의 기다란 거울(水鏡)이 되어 한 여인의 이미지를 투영한다.

알렉산드리아의 모스크에서 가장 눈에 띄는 것은 회랑으로 둘러싸인 광장 중앙의 발 씻는 샘터와 모스크 안에서 평화로운 얼굴로 휴식하고 있는 평범한 무슬림의 모습이다. 물과 그늘이 귀한 곳이지만, 그들의 종교는 적어도 발 씻고 휴식하는 평등을 실현하고 있다.

인도 델리의 붉은 사암으로 된 궁전 레드포트(Red Fort)에는 하렘(harem)[4]의 유적이 남아 있는데, 이 하렘의 중심에 있는 것은 바닥에 연꽃이 새겨진 실내 연못이며 이 방으로 이어지는 긴 회랑의 중심축은 물이 흐르던 도랑으로 이어지고 있었다. 물길을 첨벙거리며 걸어서 하렘에 들어선 왕은 수조에 몸을 담그고 있는 수많은 미녀들의 시중을 받는다. 이게 천국이 아니면 또 무엇이겠는가?

[4] 이슬람 사회에서 부인들이 거처하는 방을 말한다. 가까운 친척 외의 일반 남자들의 출입이 엄격히 금지된 장소이다.

이런 아이디어는 현대 건축에도 반영이 되어 사우디아라비아에 있는 미국 대사관저의 식당은 아예 연못으로 구성되어 있다. 연못 한가운데 동그란 섬이 떠 있고, 그 위에 식탁이 차려져 있다. 천국의 식탁이다.

반짝거리며 흘러가는 물의 질감(texture)을 집 짓는 데 잘 활용한 민족 중에는 일본 사람들도 있다. 교토 강변에는 불꽃놀이 축제를 즐기던 옛 귀족들의 유곽이 늘어서 있는데, 그 앞으로 가느다란 실개천이 흐른다. 이 실개천에는 발을 담글 만한 얕은 물이 반짝거리며 흘러간다. 축제의 밤에는 이 실개천에 반사되는 불꽃의 재미도 즐겼으리라.

안도 다다오의 명작인 타임스(Time's) 앞에 흐르는 교토의 개천 물은 발을 담그기에는 충분하지만 깊이가 깊지는 않다. 개천 물은 반짝거리는 것만으로도 그 역할을 충분히 다할 때가 있는 것이다. 개천 바닥은 화강석으로 포장되어 있는데, 이끼가 끼지 않도록 여러 명의 인부가 한 줄로 늘어서서 열심히 바닥을 닦는 광경이 또한 장관이라 한다.

폴란드에서 제일 아름다운 와지엔키(Łazienki) 공원에는 야외 음악당이 있다. 객석과 무대의 경계에는 물이 흐르고 그 위에는 백조들이 떠다닌다. 이 공원을 만든 폴란드 최후의 왕 포니아토프스키는 러시아의 여제 에카테리나 2세의 연인이었던 덕에 왕이 되었는데, 정치에는 자신이 없어서 정원 만들기에만 열중하였다. 그래서인지 서태후가 만든 이화원보다 세련된 멋이 남아 있다. 공원 안에 지어진 여름 별궁 와지엔키 궁전은 호수 위에 섬처럼 아름답게 떠 있다. 와지엔키라는 이름은 목욕탕이라는 뜻인데, 이 목욕탕 궁전의 호수에서 왕은 백조와 미녀와 더불어 여름을 즐겼다고 한다.

물은 우리들의 집을 관능적이게 한다. 사람들이 정원에 들여놓기 좋아하는 폭포수도 성적 카타르시스와 무관하지 않다. 반사 연못은 여인의 거울과 너무도 닮았다. 한 방울의 물 안에는 하나의 보이지 않는 바다가 있다.


<u>물 위에 산다.</u>   개구리처럼 물 위에 사는 사람들이 있다. 물 밖에 살기 좋은 땅과 산과 들이 있는 것을 알면서도 물 위에 산다. 왜일까?

솔로몬제도 말라이타 섬 연안에는 60여 개의 인공 섬이 있는데 여기에는 5천여 명의 라오족이 살고 있다. 말이 인공 섬이지 스무 채 남짓한 수상 가옥이 옹기종기 엮어져 있는 커다란 뗏목 같은 마을이다. 때로는 외딴집이 외딴 배처럼 홀로 떠 있는 경우도 있다. 맑은 바닷물이 푸른 보석처럼 빛나는 남태평양에서 황혼을 뒤로 한 채 카누를 저어 가며 사는 삶은 낭만 바로 그것이지만, 이들이 인근 말라이타 섬에서 살지 않고 왜 위험한 물 위에 떠서 사는지는 여전히 의문으로 남는다. 생존한 몇 명의 주술사 중 한 사람은 그들이 물의 정령과 함께 산다고 말한다. 잘 살기 위해서는 더 많은 정령을 알아야 하는데 요즘 사람들은 몇 가지 정령밖에 모르고 있는 것이 안타깝다고 덧붙였다. 그의 말로 미루어 짐작해 보면 하나의 문화로 이해해야 하는 그들의 삶을 간단한 합리주의로 잴 수

없음을 알 수 있다.

　해발 4천 미터의 고원에 있는 안데스의 티티카카 호수 한가운데는 갈대 섬에 사는 잉카의 후예 우르족이 있다. 이 갈대 섬은 물에 썩기 때문에 3개월에 한 번씩 바닥을 새로 깔아 주어야 한다. 그들은 거기서 아이도 키우고 돼지도 키우고 양도 키우고 낚시도 하며, 밥을 짓고 빨래도 하며 산다. 이 호수에는 이런 섬이 20여 개가 있다. 처음에는 스페인 정복자들의 박해를 피해 수상 주거를 시작했다고 하는데, 살다 보니 이 생활이 좋았는지 아예 물 위에 터를 잡은 것이다. 중국의 황하에도 대나무 뗏목 위에 떠 있는 마을이 있다.

　태국의 차오프라야(Chao Phraya) 강 지류에 대규모로 발달한 유명한 수상 시장이나 홍콩의 수상 주거는 다분히 도시적인 밀집성을 가지고 있어서 인구 과밀이 빚어내는 여러 문제 때문에 별로 낭만적이지 않지만, 먹거리를 잔뜩 실은 움직이는 상점이 다가와서 싱싱한 과일 등을 내놓고 사라지는 풍경은 운치가 있다. 다만 불편한 점은 그 수로 노점상들이 워낙 민첩하게 사라지기 때문에 구입한 물건에서 흠이 발견되어도 얼른 쫓아가서 물릴 수가 없다는 것이다. 태국이나 홍콩의 수상 가옥은 트레일러하우스 같은 인상을 준다. 다른 점이라면 그것이 주말 주택이 아니라 그들에게는 태어나서 살다가 죽는 영구 주택이라는 점일 것이다.

　물 위의 트레일러하우스로서 가장 좋아 보이는 것들은 역시 암스테르담에 있다. 이 수상 가옥들은 2차 대전의 산물인데, 전후 각박한 주택 문제를 해결하기 위한 고육지책으로 수많은 운하 주변에 선상 주택을 매달아 사람들을 살게 한 것이 지금은 도시의 명물이 되었다. 현재 2천4백 개나 되는 선상 주택은 전기 시설은 물론 완벽한 위생 시설을 갖추고 있으며 번지도 있고 세금도 낸다. 네덜란드 사람들은 선상 주택 위에서 돼지 대신 꽃을 키운다.

으스름달밤, 노란 램프 불빛 아래 물그림자를 드리우고 붉은 포도주를 기울일 수 있다면 배 위의 삶은 아름답다. 그때 당신이 좋아하는 사람이 곁에서 미소를 띠우며 당신을 바라봐 준다면, 물 위의 삶은 진정 아름다운 것이다. 물의 평화, 그것은 어쩌면 지구의 생명체가 회귀할 수 있는 가장 원천적인 평화일지도 모른다. 그 평화는 도달하는 것이 아니라 회귀하는 것이다. 거기에는 생명의 출발점이 있기 때문이다.

물 위에 사는 기분은 어떤 것일까? 안전한 수영장 물속에 이완된 몸을 맡기고 눈을 뜬 채 둥둥 떠 있어 본 경험이 있다. 몹시 편안하였다. 그것은 어머니의 양수(羊水) 속에서 편안하게 잠들어 있는 태아의 행복감 같은 것이다. 대단히 원천적인 안도감이었다.

물, 커다란 물 — 바다는 생명체의 성지(聖地)였다. 뿐만 아니라 바다는 모든 생명체가 의존해 호흡하며 살고 있는 산소의 탄생지이기도 하다. 처음에는 산소가 없었다. 지구는 태양계를 맴돌던 지름 10킬로미터 가량의 돌덩이들이 서로 부딪쳐서 눈덩이처럼 뭉쳐져 만들어진 큰 돌덩어리에 불과했던 것이다. 그것이 46억 년 전이었다. 연쇄적인 운석의 충돌은 열을 발생시켜 지각을 녹이고 지구는 마그마(magma)의 바다가 되었다. 운석의 내부에 포함된 물이

은하계의 모습. 태풍의 모양과 너무도 닮았다.

기화하여 수증기가 되었고 두터운 구름층을 만들었다.

지표면의 온도가 섭씨 300도를 가리킬 때 마침 운석의 충돌은 줄어들고 지구의 표면은 식기 시작하여 지구라는 오아시스 별이 탄생할 수 있었다. 구름은 비가 되어 홍수를 이루고 바다가 되었다. 무수한 별똥별이 이룬 바다는 이렇게 해서 생명의 역사를 시작한다.

35억 년 이전의 원시 지구에 나타난 최초의 생명체는 고온 고압의 아미노산에서 합성된 원시 박테리아였다. 원시 박테리아는 세포핵이 없어서 산소가 없이도 살 수 있었는데, 이것이 진화하여 생명 현상의 부산물로 산소를 만들어 내게 되었다. 그 이전의 원시 생명에게 산소는 치명적인 독이 되어 대부분 멸절된다. 그리하여 산소 생성 유기물이 만든 산소와 그의 애호가들이 바다를 지배하게 되었다. 바다는 산소와 생명체의 고향인 것이다. 물이 주는 안식은 고향의 안식이며 어머니의 안식이다.

이러한 역사가 물 위에 사는 사람들의 뿌리 깊은 주거 본능을 형성한 것으로 보인다. 사람은 결코 물을 떠나지 못한다. 그 결과가 아름다울 때도 있고 그렇지 않을 때도 있다. 어쨌거나 사람은 물을 떠나지 못한다. 인간이라는 포유동물에게도 물개나 고래처럼 물속으로 되돌아가고 싶은 마음이 내재하고 있는 것 같다.

<u>하나의 집 속에 하나의 마을이 있다.</u>   달동네는 가장 아름다운 한국어 가운데 하나다. 그것은 슬럼(slum)이 아니다. 슬

럼에는 달이 뜨지 않는다. 달동네에는 가난하지만 사람 사는 분위기가 있다. 분위기뿐만 아니라 마음이 있다. 달동네에는 우리의 소박한 마음이 얼마간 남아 있다. 그러나 무엇보다도 달동네가 건축가의 시선을 끄는 것은 꾸밈없고 자연 발생적인 건축적 진실과 즐거움이 달동네를 구성하는 공간의 미묘한 얼개 속에 유연한 크기를 가지고 존재한다는 점이다. 유연한 크기를 가지고 있다는 사실은 그들의 공간이 아직 살아 있다는 것을 의미한다. 우리는 여기에서 살아 있는 공간의 실체를 관찰할 수 있다.

달동네의 유기적 공간 체계는 자동차와 법규와 이론의 영향을 받지 않고 성장하는 공간의 결과물이다. 허가를 내주는 관리와 자신의 논리를 만들어 내기 위해 거침없이 이치를 벗어나는 학자와 언제나 거북살스러운 자동차가 간섭하지 않으면 공간은 인간적이고 재미있어진다. 훨씬 쉬워진다. 자연 발생적 도시의 산 모습을 연구하기 위해 실험적 차원에서 달동네 구역을 설정하여 남겨둘 필요는 없을까? 상하수도와 위생 시설에 대한 지원과 자동차 통행 금지 규칙 이외의 일체의 간섭을 배제한 허가 자유 지역 같은 곳 말이다. 샌프란시스코의 캐너리(Cannery)에서는 달동네의 도시적 공간 개념이 하나의 건축 속에서 재현될 수 있는 가능성이 발견되고 있다. 이 건물은 원래 통조림 공장이었는데, 재개발을 통하여 아름다운 식당들이 있는 자그마한 도시와 같은 매력적인 콤플렉스로 재탄생하였다. 말하자면 마을을 닮은 집이다.

안도 다다오는 이 개념을 더욱 압축하여 로즈가든(Rose Garden)[5]이라는 출세작을 만들어 낸다. 그는 여기서 만족하지 않고 올

5 안도 다다오의 초기작인 로즈가든은 고베의 오래된 주택가에 들어선 상업 건축이다. 주변 풍경과의 맥락을 고려하여 그의 시그니처라 할 수 있는 노출 콘크리트는 최소한으로 사용하고 붉은 벽돌을 주재료로 건축했다.

드/뉴(Old/New)[6]와 타임스(Time's) 등에서 대단히 깔끔한 일본적 조형 솜씨를 가미하여 독특한 미니 도시적 건축 공간을 창조한다. 타임스의 입구는 마을로 들어가는 어귀와 같다. 정면에서 올라가는 길도 있고, 밑으로 내려가는 길도 있고, 옆으로 돌아가는 길도 있다. 길을 따라가면 작은 가게의 입구를 만나는데 동네 모퉁이에 있는 구멍가게를 아주 깔끔하게 다듬어 놓은 것 같다. 그 가게를 스치고 돌아가면 몇 발자국 길이의 다리를 건너 또 하나의 가게에 도달하고, 그 밑으로는 두 개의 층 아래에 있는 가게의 유리벽을 통하여 조그만 상품 진열대가 살짝 눈에 들어온다. 안도 다다오의 건축에는 접근의 묘미와 시퀀스의 재미가 있다. 그의 집은 하나의 동네다. 정교하고 세련되게 정리된 달동네다.

[6] 고베에 위치한 올드/뉴는 게스트 하우스로 계획되었다. 부지에 있던 200년이 넘은 거목 세 그루를 보전하기 위해 중정을 두고, 노출 콘크리트와 현지에서 주로 생산되는 석재를 이용하여 중정 주변으로 건축물을 배치했다.

## 🏠 타임스 Time's

일본 교토의 작은 하천인 타카세 강의 수변에 위치한 상업 건축이다. 1984년 준공한 타임스I과 1991년 증축한 타임스II가 하나의 건물처럼 연결되어 있다. 하천과 건축이 긴밀하면서도 긴장감 있는 관계가 되길 원한 안도 다다오는 일 년 내내 수량이 거의 일정한 타카세 강의 수면에 최대한 가깝게 1층 바닥을 계획하고, 강 쪽으로 테라스 및 계단, 통로 등의 보행자 동선을 계획하여 이용자에게 풍부한 건축적 경험을 제공하고자 했다.

적극적으로 자연을 건축에 끌어들이며 건축과 자연의 조화로운 관계를 추구하는 안도 다다오의 건축 철학이 잘 구현된 작업으로 평가받는다.

# 마치면서

여기서 약속된 여행은 끝난다. 이것이 긴 여행이었는지 너무나 짧은 여행이 되고 말았는지 나는 종잡을 수 없다. 나에게는 나름대로 보람 있는 여행이었고 어려운 여행이기도 했다. 나는 많은 농담을 하였고 조금은 진담도 하였다. 그것이 독자들을 기쁘게 하였는지 불쾌하게 하였는지도 종잡을 수 없다. 확실한 것은 나는 그렇게 할 수밖에 없었다는 것뿐이다.

이 글을 쓰는 데 그동안 꾸준히 모아 두었던 비디오 자료들이 많은 도움이 되었다. 손세관 씨의 『도시 주거 형성의 역사』가 도움이 되었고, C. Moore, G. Allen, D. Lyndon의 "The Place of Houses"가 도움이 되었다. Amos Rapoport의 "House Form and Culture", Bernard Rudofsky의 "Architecture without Architects", Christopher Alexander의 "A Pattern Language", 김홍

식 씨의 『한국의 민가』, 리화선 씨의 『조선 건축사』가 도움이 되었다. 강의를 나가면서 이대 장식미술과 학생들을 통해 수집할 수 있었던 자료들도 많은 도움을 주었다. 석 달이 넘는 시간을 바쳐 꼼꼼한 그림을 그려 준 구승민 군에게는 경탄을 금할 수가 없다. 이 모든 분들에게 나는 빚을 진다. 진심으로 감사를 드린다.

1995년
마로니에 옆에서
김 기 석